westermann

Hans Jecht, Hesret Cango, Jona Kemmerer, Marcel Kunze, Peter Limpke, Rainer Tegeler

Wirtschaftslehre für Fachoberschulen in Hessen

Arbeitsheft 2

1. Auflage

Bestellnummer 32413

Die in diesem Produkt gemachten Angaben zu Unternehmen (Namen, Internet- und E-Mail-Adressen, Handelsregistereintragungen, Bankverbindungen, Steuer-, Telefon- und Faxnummern und alle weiteren Angaben) sind i.d.R. fiktiv, d.h., sie stehen in keinem Zusammenhang mit einem real existierenden Unternehmen in der dargestellten oder einer ähnlichen Form. Dies gilt auch für alle Kunden, Lieferanten und sonstigen Geschäftspartner der Unternehmen wie z.B. Kreditinstitute, Versicherungsunternehmen und andere Dienstleistungsunternehmen. Ausschließlich zum Zwecke der Authentizität werden die Namen real existierender Unternehmen und z.B. im Fall von Kreditinstituten auch deren IBANs und BICs verwendet.

Zusatzmaterialien zu Wirtschaftslehre für Fachoberschulen in Hessen, Arbeitsheft 2

Für Lehrerinnen und Lehrer

Lösungen zum Arbeitsheft: 978-3-427-32415-7
Lösungen zum Arbeitsheft Download: 978-3-427-32414-0

Bildquellenverzeichnis

978-3-427-32414-0 |fotolia.com, New York: AR 51.1; FM2 148.1; Franjo 141.1; Johannes Becker 30.1; viennapro 16.1. |Fullmann, Helge, Kall: 35.1, 36.1, 45.1, 46.2, 47.1. |Hild, Claudia, Angelburg: 37.1, 44.1, 56.1, 56.2, 56.3, 56.4, 169.1. |iStockphoto.com, Calgary: ferrantraite 113.1; Goodboy Picture Company 65.1; NicoElNino 194.1; patat 19.1; PeopleImages 19.2; Prostock-Studio 27.1; rudi_suardi 135.1; sturti 15.1. |Microsoft Deutschland GmbH, München: 106.1, 106.2. |Picture-Alliance GmbH, Frankfurt a.M.: dpa Themendienst/ Schierenbeck; Jens 135.2. |Shutterstock.com, New York: eversummerphoto 10.1; Golden Sikorka 97.1; Pressmaster 110.1. |stock.adobe.com, Dublin: DOC RABE Media 124.1; emojoez 32.1; Flamingo Images Titel; Kreienbühl, Dani 46.1; lightpoet 118.1; o1559kip 151.1; Shebeko, Maksim 69.1; The One 198.1; VogelSP 100.1. |Zahlenbilder, Bergmoser + Höller Verlag AG, Aachen: 86.1.

© 2025 Westermann Berufliche Bildung GmbH, Ettore-Bugatti-Straße 6-14, 51149 Köln
www.westermann.de

Die Seiten dieses Arbeitshefts bestehen zu 100 % aus Altpapier.

Damit tragen wir dazu bei, dass Wald geschützt wird, Ressourcen geschont werden und der Einsatz von Chemikalien reduziert wird. Die Produktion eines Klassensatzes unserer Arbeitshefte aus reinem Altpapier spart durchschnittlich 12 Kilogramm Holz und 178 Liter Wasser, sie vermeidet 7 Kilogramm Abfall und reduziert den Ausstoß von Kohlendioxid im Vergleich zu einem Klassensatz aus Frischfaserpapier. Unser Recyclingpapier ist nach den Richtlinien des Blauen Engels zertifiziert.

Druck und Bindung: Westermann Druck GmbH, Georg-Westermann-Allee 66, 38104 Braunschweig

ISBN 978-3-427-**32413**-3

6   Investition und Finanzierung

7   Personalprozesse

8   Erfassen von Geschäftsprozessen II

9   Unternehmensformen und handlungsrechtliche Rahmenbedingunen

VORWORT

Schaut man sich die hessischen Richtlinien für die Fachoberschule Wirtschaft an, so erkennt man schnell deren Zielsetzungen:

- Die Lernenden sollen einerseits auf berufliche Tätigkeiten im wirtschaftlichen Bereich, andererseits aber auch auf weiterführende Studiengänge vorbereitet werden. Dazu werden fundierte Kenntnisse in den Bereichen Betriebswirtschaftslehre, Volkswirtschaftslehre, Rechnungswesen und Wirtschaftsrecht vermittelt.

- Gleichzeitig sollen aber auch soziale und persönliche Kompetenzen (wie zum Beispiel Teamarbeit, Kommunikationsfähigkeit und eigenverantwortliches Arbeiten) gefördert werden. Die Schülerinnen und Schüler sollen vor diesem Hintergrund lernen, selbstständig zu arbeiten und fundierte Entscheidungen zu treffen.

Dieses Arbeitsheft möchte zur Erreichung dieser Zielsetzungen beitragen. Es kombiniert eine strukturierte Wissensvermittlung mit praxisnahen Übungen, einer Förderung handlungsorientierter Kompetenzen und einer Unterstützung der Selbstständigkeit.

Als Ausgangspunkt haben wir Handlungssituationen konzipiert, die für eine spätere Berufstätigkeit bzw. ein Studium bedeutsam sind. Daraus ergeben sich Handlungen, die gedanklich nachvollzogen oder möglichst selbst ausgeführt werden müssen (Lernen durch Handeln). Der Unterrichtsverlauf und die Lerninhalte sind an die Struktur der jeweiligen Handlungssituation angelehnt. Die Schülerinnen und Schüler sollen zunächst ihr weiteres Vorgehen bei der Bearbeitung selbstständig planen, bevor sie die erforderlichen Handlungen aufgrund der eigenen Planung ebenfalls in eigener Verantwortung durchführen und kontrollieren – soweit dies aufgrund der jeweiligen Klassensituation möglich ist.

Bei der Konzipierung der Lernsituationen wurde Wert darauf gelegt, dass darin eine Problemstellung (Handlungssituation) enthalten ist, die einen klaren Bezug zu einer oder mehreren typischen beruflichen Handlungssituation(en) aufweist. Wir haben darauf geachtet, dass die Handlungsaufgaben, die zur Problemlösung bearbeitet werden sollen, eine ausreichend hohe, aber nicht überfordernde Komplexität aufweisen.

Zur Problemlösung müssen mithilfe des Lehrbuchs zunächst theoretische Lerninhalte erarbeitet werden. Die darauf aufbauende Problemlösung führt zu einem Handlungsprodukt. Dies ist das geistige oder materielle Ergebnis des Unterrichts. Daran kann der Erfolg des individuellen Lösungsweges gemessen werden. Es kann Folgendes kontrolliert werden:

- Ist die anfängliche Problemstellung erfolgreich gelöst worden?

- Welche Fehler (z. B. Informationsdefizite) waren die Ursachen für ein unzureichendes Handlungsprodukt?

Sommer 2025   *Die Verfasser*

1 Marketing

1.1 Wir setzen Marketingmaßnahmen systematisch auf dem Absatzmarkt ein

Handlungssituation

Anne Schulte nimmt an einer Abteilungssitzung des Verkaufs teil. Herr Raub stellt gerade die Umsatzentwicklung in der Filiale Darmstadt mithilfe einer PowerPoint-Präsentation vor:

Umsatzentwicklung Filiale Darmstadt		
Vorvorletztes Jahr	**Vorletztes Jahr**	**Letztes Jahr**
70,9 Mio. €	64,7 Mio. €	54,3 Mio. €

Im weiteren Verlauf der Sitzung macht sich Anne einige Notizen zum Vortrag von Herrn Raub:

- Die Filiale Darmstadt verzeichnet mittlerweile jährliche Verluste in Höhe von 2,8 Millionen €.
- Die dortige Verkaufsabteilung ist überhaupt nicht aktiv geworden und hat nur abwartend reagiert.
- Kam ein Kunde oder eine Kundin ins Geschäft, freute man sich. Das war es dann. Es wurden überhaupt keine Maßnahmen ergriffen.
- Man hat nicht in irgendeiner Weise versucht herauszufinden, was tatsächliche oder potenzielle Kundinnen und Kunden denken.
- Wichtige Trends im Modebereich wurden nicht beachtet, um nicht zu sagen „verschlafen". Das Warenangebot dieser Filiale war und ist damit nicht zielgruppen- und zeitgemäß.
- Vor vier Jahren kündigten dort die vier Mitarbeitenden im Außendienst. Seitdem wurden weder Reisende eingestellt noch Verträge mit Vertreterinnen und Vertretern abgeschlossen. Versäumt wurde auch, über den Aufbau eines neuen Vertriebsweges nachzudenken, wie es einige andere Filialen mit dem Cash-and-carry-Konzept erfolgreich gemacht haben.
- Im Gegensatz zu anderen Filialen wurden mehrere Warengruppen sehr großzügig kalkuliert. Die Verkaufspreise wurden dadurch sehr hoch.
- Es wurde weder in der Fachpresse geworben noch wurden Einzelandelsgeschäfte gezielt angesprochen.
- Aus Altersgründen wird es ab Sommer keine Mitarbeitenden mehr in der Verkaufsabteilung geben: deshalb Neueinstellungen.

Herr Raub: „Ich sorge mich um die Darmstädter Filiale. Wir müssten klären, was im Einzelnen schiefgelaufen ist und was man stattdessen vielleicht hätte machen können … Frau Schulte, Sie wollten nach der Ausbildung doch zurück nach Darmstadt. Was halten Sie denn davon, wenn wir Sie als Mitarbeiterin in der Darmstädter Filiale übernehmen? Da wir die neuen Mitarbeitenden in der Abteilung Verkauf dort innerbetrieblich rekrutieren, könnten Sie dem neuen Abteilungsleiter bei der Schulung helfen."

1. Geben Sie Gründe an, wie es zu den Schwierigkeiten in der Filiale kommen konnte.
2. Machen Sie einen Vorschlag, wie die Situation in der Filiale allgemein verbessert werden kann.
3. Erläutern Sie den Begriff „Marketing".
4. Anne bereitet sich darauf vor, die neuen Mitarbeitenden in Darmstadt zu schulen. Dazu fertigt sie für sich eine Mindmap an.
5. Ergänzen Sie die folgende Mindmap.

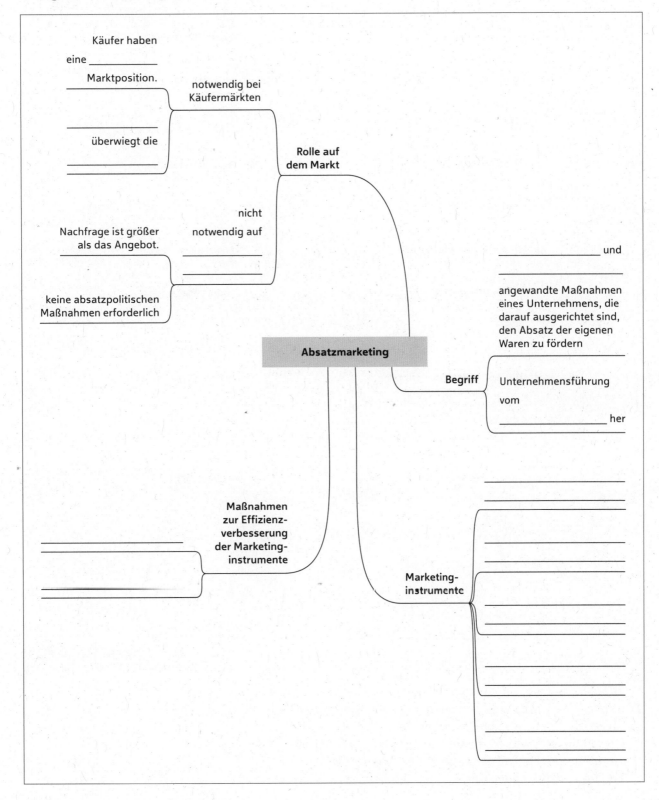

Erweiterung der Handlungssituation

Herr Raub: „Ja, liebe Kolleginnen und Kollegen, ich hatte Sie gebeten, sich Marketingmaßnahmen für unsere Filiale in Darmstadt zu überlegen und auf Karten zu schreiben. Ich sehe, da ist eine ganze Menge zusammengekommen. Wir müssen die Maßnahmen jetzt noch den verschiedenen Bereichen des Marketings zuordnen."

Diversifikation	Reparaturannahme
(Mitarbeiterzeitung) Human Relations	Erweiterung des Warenangebots
Andere Wahl der Vertriebsform	Preisdifferenzierung (unterschiedliche Preise zu unterschiedlichen Zeiten)
Sonderangebote	Messen und Ausstellungen
Eventmarketing (Themenwochen)	Sponsoring
Kinderhort (Mitarbeiter/-innen)	Mischkalkulation
Verkaufsförderung	Product-Placement
Bereinigung des Warenangebots	Gratisparkplätze
Überprüfung der Bedienungsform	Kinderhort (Kund/-innen)
Absatzwerbung (mehr Zeitungsanzeigen)	Stammkundenrabatt

Handlungsaufgaben

1. Erläutern Sie die Aufgabe der Sortimentspolitik.
2. Geben Sie an, was unter Produktpolitik verstanden wird.
3. Stellen Sie fest, was zur Preispolitik gehört.
4. Führen Sie auf, was Fragestellung der Distributionspolitik ist.
5. Erläutern Sie das Ziel der Kommunikationspolitik.
6. Erklären Sie die Bedeutung der Kundendienstpolitik.

7. Ordnen Sie die Maßnahmen auf den Metaplankarten den einzelnen Marketingbereichen zu.

Marketingbereiche				
Kundendienst-politik	Sortimentspolitik	Distributions-politik	Kommunikations-politik	Preispolitik

Vertiefungs- und Anwendungsaufgaben

1. Geben Sie an, was man unter einem Verkäufermarkt versteht.
2. Erläutern Sie den Käufermarkt.
3. Ordnen Sie die folgenden Marktsituationen jeweils dem Käufer- oder Verkäufermarkt zu.

Marktsituation	Käufermarkt	Verkäufermarkt
Märkte für Grundnahrungsmittel		
Ölmarkt während einer Ölkrise		
große Teile des Automobilmarkts		
Kosmetikartikel		
der Wohnungsmarkt in einer Region mit starkem Bevölkerungszuwachs		

1.2 Wir erforschen den Absatzmarkt

Herr Raub: „Ich danke Ihnen für Ihre Vorschläge. Bevor wir uns um einzelne Marketingmaßnahmen im Detail kümmern, sollten wir vorher erst einmal in Erfahrung bringen, was die Modetrends diese Saison sind und was unsere Kundinnen und Kunden dazu so denken."

Anne Schulte: „Zufällig habe ich heute Morgen einen passenden Artikel in der Zeitung gelesen. Wo habe ich ihn denn? Da ist er ja:"

Die Modetrends dieses Jahres: Sie sollten sie kennen!

Dieses Jahr wird es besonders gemütlich: Es wird – auch im Textilbereich – kuschelig. Die Mode wird praktisch und alltagstauglich. Sie ist aber gleichzeitig stilvoll.

Das Ganze muss gar nicht schäbig und schlampig aussehen. Angesagt sind dieses Jahr:

- Home- und Loungewear: Ein lässiger Look wird verbunden mit einer eleganten Erscheinung.
- Gefragt sind dieses Jahr auch Hemden, Anzüge und Blazer mit weiter Passform: Die Kleidung soll gemütlich sein, aber ohne Stileinbuße.

- Als Trendfarbe gilt dieses Jahr ein helles, fröhliches Gelb. Damit verbunden wird eine Sonne, die Wärme und Lebendigkeit ausstrahlt. Ebenfalls angesagt sind Pastellfarben.
- Einen sehr progressiven Trend sehen Experten in der Gender-neutral-Fashion. Dabei wird die Mode nicht mehr in die für Herren und für Damen unterteilt. Stattdessen werden modisch die Grenzen verwischt: Die Mode wird geschlechtsübergreifend.

Frau Eisenberg: „Sehr interessant diese Informationen aus zweiter Hand. Wir sollten jedoch auch selber Informationen dazu einholen. Welche Mittel und Möglichkeiten stehen uns denn dafür zur Verfügung?"

Herr Raub: „Frau Eisenberg, Sie haben recht! Wenn wir ab jetzt systematisch Marketing betreiben wollen, brauchen wir tatsächlich viele Kenntnisse über den Markt. Wir müssen uns zunächst einmal klarmachen, welche Informationen wir benötigen, um absatzfördernde Maßnahmen einzusetzen. Geklärt werden muss dann, mit welchen Methoden wir diese Informationen gewinnen können."

Frau Eisenberg: „Wie besprochen wollen wir ja verstärkt auch Berufskleidung anbieten. In diesem Bereich ist Marktforschung für uns besonders relevant, denn über diesen Markt wissen wir noch sehr wenig ..."

1. Unterscheiden Sie zwischen Markterkundung und Marktforschung.
2. Führen Sie Ziele der Marktforschung auf.
3. Geben Sie Untersuchungsgegenstände der Marktforschung an.
4. Erläutern Sie den Unterschied zwischen primärer und sekundärer Marktforschung.

5. Füllen Sie die folgende Tabelle aus.

Methoden der Marktforschung	
Methoden im Hinblick auf den ausgewerteten Zeitraum (Bereiche der Marktforschung)	Methoden im Hinblick auf die verwendeten Informationsquellen

6. Entscheiden Sie, welche Methode die Auswertung des Zeitungsartikels „Die Modetrends dieses Jahres" darstellt.
7. Stellen Sie fest, welche Fragen eine Marktforschung zur verstärkten Einführung von Berufskleidung in das Sortiment der Hoffmann KG beantworten sollte.
8. Ordnen Sie die richtigen Begriffe der Marktforschung den folgenden Beispielen zu.
   a) Die Hoffmann KG wertet regelmäßig Einkommenstatistiken im Hinblick auf potenzielle Kundschaft aus.
   b) Die Hoffmann KG erteilt dem Marktforschungsinstitut Mafinst den Auftrag, permanent die Käufergewohnheiten zu erforschen.
   c) Herr Raub erfährt bei einem Messebesuch, dass ein Mitbewerber demnächst neue Produkte ins Sortiment aufnehmen wird.
   d) Die Hoffmann KG wertet Kataloge von Mitbewerbern aus, um ggf. sortiments- und preispolitische Entscheidungen treffen zu können.

1.3 Wir arbeiten mit Methoden der Sortiments und Produktpolitik

Handlungssituation

In der Abteilungssitzung Verkauf wird gerade die Entwicklung unterschiedlicher Produkte behandelt.

Herr Raub: „Unser Warenwirtschaftssystem hat uns eine Menge Daten zur Verfügung gestellt. Schauen wir uns einmal die Umsatzzahl dieses Artikels unserer Handelsmarke an ...

März	April	Mai	Juni	Juli
100.000,00	400.000,00	800.000,00	600.000,00	100.000,00

Wir müssen klären, wie wir bei diesem Artikel reagieren können.

Weiterhin haben wir uns entschieden, in Darmstadt als neue sortimentspolitische Maßnahme das Angebot von E-Bikes aufzunehmen, weil Umfragen zufolge die Nachfrage danach sehr groß ist und diese unser Sportartikel-Sortiment sehr gut ergänzen würden. Außerdem ist für die E-Bikes die Gewinnspanne sehr groß. Zusätzlich sollten wir einige Warengruppen daraufhin untersuchen, ob wir den Sortimentsumfang ändern können. Produktpolitisch müssen wir zwei Fragen klären:

– Sollen wir für diese E-Bikes eine Marke entwickeln?
– Wie sollte die Verpackung des E-Bikes aussehen?

Zuletzt schauen wir uns den Artikelbericht etwas genauer an …"

Artikelbericht (Auszug)

ART.-BERICHT VON 6. FEBRUAR BIS 12. FEBRUAR 20.. WARENGRUPPE: DOB

WARENART 1 ***** MÄNTEL *****

ARTIKEL-NR. INTERNE NR.	BEZEICHNUNG	VK-PREIS EK-PREIS	VK_ST. BESTAND	BESTAND VK BESTAND EK	UMSATZ GEWINN	KALK. % ERZ. %	ABV. %
70200	BETTY JORDAN	369,00	5	369,00	1.845,00	54,6	83,3
10001		187,40	1	187,42	1.008,00	54,6	
70400	DECO INTERN	359,00	2	718,00	718,00	52,8	50,0
10004		169,50	2	339,00	379,00	52,8	
70410	KTM	256,60	5	2.042,80	1.283,00	52,4	38,4
20001		126,10	8	1.008,80	652,50	52,4	

Warenart 2 ***** Kleider *****

ARTIKEL-NR. INTERNE NR.	BEZEICHNUNG	VK-PREIS EK-PREIS	VK_ST. BESTAND	BESTAND VK BESTAND EK	UMSATZ GEWINN	KALK. % ERZ. %	ABV. %
70400	DECO INTERN	205,00	3	1.230,00	615,00	56,2	33,3
30001		89,89	6	537,34	345,33	56,2	
70410	KTM	198,00	5	396,00	990,00	57,1	71,4
30003		84,90	2	169,80	565,50	57,1	

Handlungsaufgaben

1. Definieren Sie die Produktpolitik.
2. Führen Sie die vier Bereiche der Produktpolitik auf.
3. Unterscheiden Sie zwischen Packung und Verpackung.
4. Erläutern Sie die Aufgabe der Packungspolitik im Rahmen der Produktpolitik.
5. a) Geben Sie die Funktionen an, die die Packung der E-Bikes erfüllen sollte.
   b) Überlegen Sie, welche Funktionen der Verpackung bei den E-Bikes im Vordergrund stehen.
6. Unterscheiden Sie Hersteller- und Handelsmarken.
7. Begründen Sie, warum eine Markierung der E-Bikes für die Hoffmann KG sinnvoll sein könnte.
8. Geben Sie an, welche Markenarten es gibt.
9. Machen Sie skizzenhaft einen Vorschlag, wie das E-Bike markiert werden könnte. Verwenden Sie dazu mehrere Markenbestandteile.
10. Erläutern Sie den Produktlebenszyklus.

11. Fertigen Sie eine Skizze an, die den Produktlebenszyklus des Artikels der Handelsmarke wiedergibt, den Herr Raub zu Beginn vorgestellt hatte. Kennzeichnen Sie dabei die jeweilige Phase.

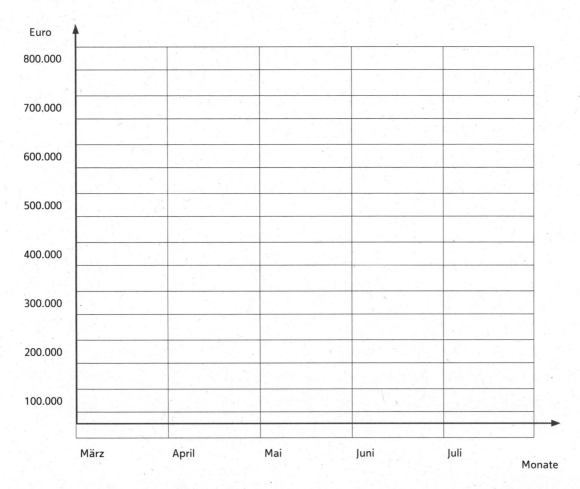

12. Ordnen Sie in der folgenden Tabelle die Absatzzahlen des Artikels der Handelsmarke den einzelnen Phasen des Produktlebenszyklus zu. Geben Sie jeweils drei Merkmale für jede Phase an.

Monat	Umsatz in €	Phase	Merkmale
März			
April			
Mai			
Juni			

Monat	Umsatz in €	Phase	Merkmale
Juli			

13. Führen Sie auf, welche Marketingmaßnahmen im März sinnvoll gewesen wären.
14. Geben Sie das Ziel der Sortimentspolitik an.
15. Unterscheiden Sie Sortimentsbreite und -tiefe.

Sortimentsumfang			
Begriff	Bedeutung	Ausprägung	
		viele	wenige

16. Geben Sie in der folgenden Tabelle an, welche Möglichkeiten der Sortimentsveränderung es gibt.

Sortimentspolitische Maßnahmen	
Begriff	Erläuterung

17. Schlagen Sie aufgrund des Artikelberichts der Warengruppe Damenoberbekleidung Maßnahmen für die Hoffmann KG vor.

Vertiefungs- und Anwendungsaufgabe

Geben Sie in den folgenden Fällen die jeweils angewandte sortiments- oder produktpolitische Maßnahme an.

a) Der Fußballclub „Schnelle Kicker" eröffnet den 20. Fanshop.
b) Der Fernseherhersteller Gelbpunkt stellt die Produktion von analogen Fernsehgeräten ein.
c) Das Unternehmen Loca-Lola bewirbt jetzt das Getränk auch mit dem Namen Loke.
d) Der Motorradhersteller Tamana bietet nun auch Musikinstrumente an.
e) Die Profitbank bietet nun auch Versicherungen an.
f) Eine Fleischfabrik wirbt auf Würstchendosen auch für andere Produkte des Unternehmens.

1.4   Wir wenden Maßnahmen der Distributionspolitik an

Handlungssituation

In der Abteilungssitzung Verkauf:

Herr Raub: „Schauen wir uns jetzt mal an, wie wir mit distributionspolitischen Maßnahmen die Lage in Darmstadt verbessern können. Ich habe hier bisher zwei Vorschläge auf dem Tisch liegen: die Initiierung eines zusätzlichen Onlineshops und den Aufbau eines Außendienstes.

Mein Appell an alle: Was können wir distributionspolitisch vielleicht noch machen?

Frau de Haan, skizzieren Sie doch noch einmal für die anderen unser Problem mit dem Außendienst.“

Frau de Haan: „Gern! Wir müssen uns entscheiden, ob wir bei unserem zusätzlich angestrebten Umsatz von 200.000,00 € auf Reisende oder Vertreter/-innen setzen.

Die Kosten für den Reisenden oder die Reisende betragen 4.400,00 € Gehalt pro Monat. Er oder sie erhält 1 % Umsatzprovision sowie 400,00 € monatliche Spesen. Vertreter/-innen erhalten 10 % Umsatzprovision und 600,00 € monatliche Spesen.“

Handlungsaufgaben

1. Definieren Sie die Distributionspolitik im Rahmen des Marketings.
2. Unterscheiden Sie zwischen Single-Channel-Distribution und Multi-Channel-Distribution.
3. Begründen Sie, warum die Hoffmann KG in der Darmstädter Filiale eine Multi-Channel-Distribution vornimmt.
4. Die Hoffmann KG muss sich beim Außendienst zwischen Reisenden und Vertretern bzw. Vertreterinnen entscheiden. Ordnen Sie diese den beiden Arten des direkten Vertriebs zu.

Direktvertrieb		
Begriff		
Arten des direkten Vertriebs	Betriebseigene Vertriebssysteme	Absatzhelfende
Erläuterung		
Beispiele		

5. Entscheiden Sie, ob die Hoffmann KG eine/-n Reisende/-n oder eine/-n Vertreter/-in einsetzen sollte. Begründen Sie Ihre Entscheidung.

6. Führen Sie Möglichkeiten des indirekten Vertriebs auf.

Indirekter Vertrieb		
Begriff		
Arten des indirekten Vertriebs	Handelsunternehmen	Unternehmensgebundene Absatzorgane
Erläuterung		
Beispiele		

7. Die Hoffmann KG hat sich entschieden als neue sortimentspolitische Maßnahme das Angebost von E-Bikes aufzunehmen. Skizzieren Sie Möglichkeiten, wie die Hoffmann KG diese mithilfe des indirekten Vertriebs absetzen könnte.

1.5 Wir setzen Instrumente der Kommunikationspolitik ein

Handlungssituation

Herr Raub eröffnet die heutige Abteilungssitzung.

Herr Raub: „Sie erinnern sich, dass wir entschieden haben, Produktion und Vertrieb von E-Bikes aufzunehmen. Natürlich werden wir die Einführung mit Werbemaßnahmen begleiten. Die E-Bikes sind ein ganz wichtiges Projekt für uns. Herr Hahnenkamp hat uns neben dem Etat für die eigentliche Werbung weitere finanzielle Mittel für zusätzliche Maßnahmen in Aussicht gestellt, um auf unsere potenziellen Kunden einzuwirken."

Frau de Haan: „Die Hoffmann KG will also neben der Absatzwerbung weitere kommunikationspolitische Instrumente einsetzen."

Herr Raub: „Richtig, und da bitte ich Sie alle um Vorschläge, was genau wir machen können."

Handlungsaufgaben

1. Erläutern Sie den Begriff Kommunikationspolitik.

2. a) Geben Sie die verschiedenen Teilinstrumente, die die Hoffmann KG im Rahmen der Kommunikationspolitik grundsätzlich anwenden könnte, an und definieren Sie diese kurz.

b) Führen Sie mehrere Beispiele für das jeweilige Teilinstrument auf.

c) Schlagen Sie für jedes Teilinstrument eine Maßnahme vor, die die Hoffmann KG ergreifen könnte.

Kommunikationspolitik							
a) Teilin-strumen-te							
Merkmale							
b) Beispie-le							

Kommunikationspolitik		
a) Teilin-strumen-te	b) Beispie-le	c) Vor-schlag für die Hoffmann KG

1.6 Wir erstellen einen Werbeplan unter Beachtung der Werbegrundsätze, der Werbemittel und der Werbeträger

Handlungssituation

Die Hoffmann KG hat in den letzten Jahren zunehmend Konkurrenz bekommen. Die Zahl der Mitbewerber ist größer geworden. Vor allem in der Hauptfiliale sind die Umsätze in der Damenmode in den letzten Monaten zurückgegangen.

Die stellvertretende Vorstandsvorsitzende Viktoria Schröter möchte daher die Kommunikation zu den Kundinnen und Kunden verbessern. In diesem Zusammenhang spricht sie von einer „verbesserten Außenwirkung", die mit Werbung erreicht werden soll.

Seitens der Geschäftsleitung ist somit für das kommende Jahr ein Werbebudget von 12.000,00 € bereitgestellt worden. Nach Ansicht von Viktoria Schröter kann Werbung nur dann erfolgreich sein, wenn zunächst ein Werbeziel gesetzt wird, dessen Umsetzung dann systematisch unter Berücksichtigung der Kosten geplant wird.

Die Auszubildenden Anne Schulte und Mete Öczan bekommen daher einen sehr komplexen Auftrag: Sie sollen in den kommenden Wochen einen Werbeplan für die Hauptfiliale im Bereich „Damenmode" erstellen. Zunächst sollen sich die Auszubildenden auf den Markt am Ort der Hauptfiliale beziehen, weil an dem Standort kürzlich ganz in der Nähe ein Mitbewerber eine neue Filiale eröffnet hat. Zu berücksichtigen ist dabei auch das geplante Werbebudget von 12.000,00 €. Unterstützt werden sollen die beiden Auszubildenden von Praktikantin und Praktikant Carolin Saager und Dominik Schulte.

Handlungsaufgaben

1. Im Marketing ist von der „Kommunikationspolitik" die Rede. Nennen Sie nachfolgend fünf Maßnahmen der Kommunikationspolitik und erläutern Sie diese mit einem Beispiel aus der Hoffmann KG.

Maßnahme	Erläuterung

2. Frau Schröter hat sich entschieden, Absatzwerbung zu betreiben. Warum hält sie diese kommunikationspolitische Maßnahme für notwendig? Nennen Sie fünf Gründe.

3. Geben Sie an, welche Ziele die Hoffmann KG mit den von Ihnen vorgeschlagenen Maßnahmen verfolgt.

Maßnahme	Ziel

4. Die Auszubildenden sind bereits seit einiger Zeit mit grundsätzlichen Fragen der Werbung beschäftigt. Bei der Erstellung eines Werbeplans bekommen sie nun von Frau Schröter den Auftrag, geeignete Werbemittel bzw. Werbeträger zu finden. Nachfolgend legt Frau Schröter ihnen verschiedene Begriffe vor:

a) Definieren Sie die Begriffe Werbemittel und Werbeträger.

b) Ordnen Sie die oben stehenden Werbemittel und Werbeträger entsprechend zu.

	Werbemittel	Werbeträger
a) Definition		

	Werbemittel	Werbeträger
b) Zuordnung		

5. Anne und Mete wollen nun einen Werbeplan für die Hauptfiliale im Bereich „Damenmode" erstellen. Ein Werbeplan kann als Antwort auf sieben Fragen bezeichnet werden. Nachfolgend ist eine Tabelle mit den sieben Fragen und einer kurzen Erläuterung dargestellt.
   a) Erläutern Sie die sieben Fragen jeweils kurz.
   b) Entwickeln Sie konkrete Vorschläge zur Umsetzung für die Hoffmann KG.
   c) Begründen Sie Ihre getroffenen Entscheidungen kurz.

a) Frage	b) Vorschläge	c) Begründung
Wer?		
(sagt) was?		
mit welchem Ziel?		
wann?		
wem?		

a) Frage	b) Vorschläge	c) Begründung
wo?		
wie?		

1.7 Wir bewerten den Erfolg der Werbemaßnahmen

Die Hoffmann KG hat sich dafür entschieden, eine Werbekampagne für die Hauptfiliale im Bereich „Damenmode" über einen Zeitraum von 12 Wochen (von September bis Dezember) in einer regionalen Tageszeitung zu schalten. Hier sind verschiedene Werbeanzeigen mit unterschiedlichen Angeboten und Aussagen zum Unternehmen bzw. zu den Produkten erschienen.

In einer Untersuchung hat die Hoffmann KG in einem aufwendigen Verfahren verschiedene Kennziffern erhoben. Außerdem haben sich Anne und Mete informiert, wie hoch die Samstagsauflage der Zeitung ist. Folgende Daten sind dabei ermittelt worden:

Auflage der Zeitung:	90 000 Menschen
Reichweite/Zahl der Leser/-innen:	150 000 Menschen
Zahl der Personen, die auf die Werbung aufmerksam geworden sind:	65 000 Menschen
Zahl der Personen, die sich für die beworbene Ware interessieren:	7 000 Menschen
Zahl der Personen, die die beworbene Ware gern kaufen würden:	5 000 Menschen
Zahl der Personen, die die beworbene Ware tatsächlich kaufen:	1 800 Menschen

Es wurde ein Werbebudget von 12.000,00 € für diese Werbekampagne investiert. Im Bereich „Damenmode" wurden dabei folgende Umsatzentwicklungen festgestellt:

Monat	Vorjahr	Aktuelles Jahr
September	86.500,00 €	82.200,00 €
Oktober	97.100,00 €	96.000,00 €
November	103.800,00 €	112.800,00 €
Dezember	125.000,00 €	135.000,00 €

Anne und Mete sollen nun untersuchen, ob die eingesetzte Werbekampagne auch den gewünschten Erfolg erzielt hat. Dabei gehen die zwei zunächst auf verschiedene Fragen zur Werbeerfolgskontrolle ein.

1. Nennen Sie drei Möglichkeiten, wie die Hoffmann KG Kennziffern erheben kann, und erläutern Sie diese kurz.
2. Bei der Überprüfung der Werbewirkung hat die Hoffmann KG nach dem AIDA-Prinzip gehandelt. Dem Werbenden muss es gelingen, die Werbebotschaft so auszusenden, dass sich die umworbene Person angesprochen fühlt. Letztlich soll es zum Kauf kommen.
   a) Erläutern Sie dieses AIDA-Prinzip.
   b) Finden Sie für jeden AIDA-Teilbereich drei Beispiele, Maßnahmen oder Aktivitäten, die in der Werbung eingesetzt werden.

AIDA-Prinzip	a) Erläuterung	b) Beispiele
Attention = Aufmerksamkeit		
Interest = Interesse		
Desire = Verlangen		
Action = Handlung		

3. Bei der Werbeerfolgskontrolle wird von einem ökonomischen Werbeerfolg und einem außerökonomischen Werbeerfolg gesprochen.
   Erklären Sie beide Begriffe.

Werbeerfolgskontrolle	Erklärung
ökonomischer Werbeerfolg	
außerökonomischer Werbeerfolg	

4. Frau Schröter möchte von Anne und Mete wissen, ob sich die in der Handlungssituation dargestellte Werbekampagne ökonomisch gelohnt hat.

a) Berechnen Sie die prozentuale Umsatzentwicklung für jeden Monat und für alle vier Monate in Bezug auf das Vorjahr.

Monat	Vorjahr	Aktuelles Jahr	Differenz	Veränderung in %
September	86.500,00 €	82.200,00 €		
Oktober	97.100,00 €	96.000,00 €		
November	103.800,00 €	112.800,00 €		
Dezember	125.000,00 €	135.000,00 €		

b) Hat sich der Einsatz des Werbebudgets insgesamt gelohnt? Bestimmen Sie die entsprechende Kennzahl.

c) Frau Schröter sagt: „Im September und Oktober sind unsere Umsätze ja noch zurückgegangen – da hätten wir uns ja die Werbung sparen können." Stimmen Sie Frau Schröter zu? Begründen Sie Ihre Antwort.

d) Anne und Mete meinen, die Umsatzsteigerung sei nur auf die Werbekampagne zurückzuführen. Nennen Sie weitere Faktoren, die den Umsatz noch beeinflusst haben könnten.

5. Aus der AIDA-Formel sind Kennziffern entwickelt worden, die die Wirksamkeit des außerökonomischen Werbeerfolgs messen.

a) Berechnen Sie die Kennziffern zur Werbewirkung für die Hauptfiliale im Bereich „Damenmode" (vgl. Handlungssituation).

AIDA-Prinzip	Formel	Berechnung (Zielgruppe: Zahl der Lesenden)
Attention =	$\dfrac{\text{(Zahl der Adressaten)}}{\text{(Gesamtzahl der Zielgruppe)}}$	
Interest =	$\dfrac{\text{(Zahl der Interessenten)}}{\text{(Gesamtzahl der Zielgruppe)}}$	
Desire =	$\dfrac{\text{(Zahl der Überzeugten)}}{\text{(Gesamtzahl der Zielgruppe)}}$	
Action =	$\dfrac{\text{(Zahl der zusätzlichen Käufer/innen)}}{\text{(Gesamtzahl der Zielgruppe)}}$	

b) Eine Weisheit in der Wirtschaft lautet: „Interesse heißt noch lange nicht Kauf." Erläutern Sie diesen Satz unter Berücksichtigung Ihrer Ergebnisse aus a).

Vertiefungs- und Anwendungsaufgaben

1. Geben Sie das Ziel der Werbeerfolgskontrolle an.
2. Erläutern Sie, wann eine Werbeerfolgskontrolle durchgeführt wird.
3. Geben Sie an, wie der Werbeerfolg gemessen werden kann.
4. Nennen Sie die Probleme der Werbeerfolgskontrolle.

1.8 Wir führen Maßnahmen zur Kundenbindung durch

Viktoria Schröter ist mit der Erstellung des Werbeplans und der Untersuchung der Werbewirkung von Anne und Mete sehr zufrieden. Auch Dominik und Carolin haben gute Arbeit geleistet.

Neben der Werbung gibt es noch weitere Möglichkeiten, den Umsatz zu sichern bzw. zu erhöhen. Eine Möglichkeit ist die Kundenbindung. Diese wird oft durch das Anbieten von Kundendienstleistungen erreicht. Frau Schröter hält den vier jungen Leuten dazu einen kurzen Vortrag. Am Whiteboard steht hinterher die folgende Skizze:

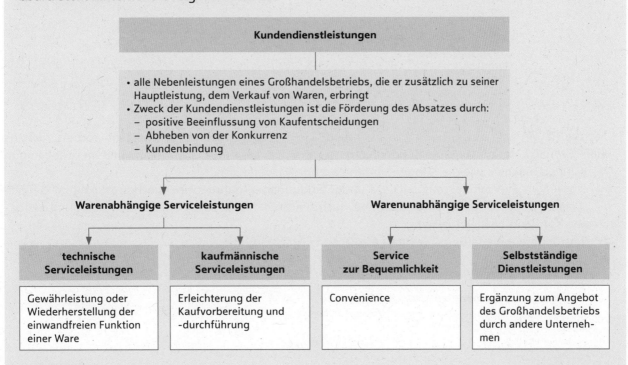

Anne und Mete bekommen nun von Frau Schröter den Auftrag, Vorschläge zur Kundenbindung für die Hoffmann KG zu entwickeln.

1. Begründen Sie, warum die Bindung der Kunden an die Hoffmann KG so wichtig ist.
2. Für die Hoffmann KG sind Kundendienstleistungen ein wichtiger Bestandteil der Kundenbindung. Definieren Sie in dem Zusammenhang folgende Begriffe:
   a) Warenbezogene Kundendienstleistungen
   b) Nicht warenbezogene Kundendienstleistungen

3. Nennen Sie warenbezogene und nicht warenbezogene Kundendienstleistungen, die bei der Hoffmann KG zum Einsatz kommen könnten.

Warenbezogene Kundendienstleistungen	Nicht warenbezogene Kundendienstleistungen

4. Für die Hauptfiliale ist im Bereich „Damenmode" in der Vergangenheit festgestellt worden, dass es viele Einmalkäufer gab und die Kundenbindung daher hier sehr gering war. Anne und Mete sollen nun Vorschläge machen, wie die Kundenbindung erhöht werden kann.
   a) Empfehlen Sie (mindestens sechs) Kundenbindungsmaßnahmen für die Hauptfiliale im Bereich „Damenmode". Unterscheiden Sie dabei auch zwischen warenbezogenen und nicht warenbezogenen Kundendienstleistungen.
   b) Begründen und erläutern Sie Ihre getroffenen Entscheidungen.

a) Kundenbindungsmaßnahmen	b) Begründung/Erläuterung
Warenbezogene Kundendienstleistungen	
Nicht warenbezogene Kundendienstleistungen	

1.9   Wir informieren uns über ethische und gesetzliche Grenzen der Werbung

Handlungssituation

Die Hoffmann KG hat in den letzten Jahren zunehmend Konkurrenz bekommen. Vor allem in der Hauptfiliale sind die Umsätze in der Damenmode in den letzten Monaten zurückgegangen. Konkurrenz sind zum einen neue Internetshops, bei denen auch die Stammkundschaft bestellt. Zum anderen ist vor Kurzem in der Nachbarschaft ein weiteres Unternehmen, das Damenmoden vertreibt (Meyermann GmbH), eröffnet worden, das viel Kundschaft anzieht.

Online-shopping?

... oder lieber gute Beratung bei HOFFMANN?

Zwar greifen bereits einige der unternommenen Werbemaßnahmen, doch der Geschäftsführer Herr Hoffmann ist nicht zufrieden mit dem bisherigen Verlauf. Praktikantin Carolin und Praktikant Dominik haben da eine Idee: Sie wollen die Konkurrenz mit gezielten Werbeslogans schwächen:

1. „Meyermann verkauft nur zweitklassige Ware"
2. „Onlineshopping bequem zu Hause? – Schnelles Einkaufen oder doch lieber die gute Beratung bei Hoffmann?"

Herr Hoffmann: „Grundsätzlich finde ich es gut, dass Sie Ihre Ideen einbringen. Aber bedenken Sie auch, dass Werbung ethische und gesetzliche Grenzen hat."

Die beiden werden damit beauftragt, im Rahmen der ethischen und gesetzlichen Grenzen Werbeslogans zu entwickeln, die zu einer besseren Marktposition der Hoffmann KG führen sollen.

Handlungsaufgaben

1. Beurteilen Sie die zwei von Dominik und Carolin zunächst entwickelten Werbeslogans auf Basis Ihrer eigenen moralisch-ethischen Vorstellungen, auf Basis der gesetzlichen Vorschriften und in Hinblick auf den Nutzen für die Hoffmann KG.
   „Meyermann verkauft nur zweitklassige Ware"
   „Onlineshopping bequem zu Hause? –
   Schnelles Einkaufen oder doch lieber die gute Beratung bei Hoffmann?"
2. Begründen Sie, warum Carolin und Dominik die Werbung frei von unzutreffenden Behauptungen, Übertreibungen und Entstellungen von Tatsachen entwickeln sollten.
3. Frau Schröter erklärt Anne und Mete, dass menschliche Entscheidungen überwiegend emotional getroffen werden und seltener (ca. zu 25 %) rational, d. h. mit dem Verstand. Daher spricht die Werbung häufig nur die Emotionen an und seltener den Verstand.
   a) Geben Sie an, wie sich diese Art der Werbung nennt.
   b) Definieren Sie diesen Begriff.
   c) Nennen Sie drei Gefahren für die Kundschaft der Hoffmann KG, die mit dieser Art der Werbung verbunden sind.

4. Es wird zwischen emotionaler Werbung und informierender Werbung unterschieden. Finden Sie für die nachfolgenden Artikel jeweils fünf Slogans für emotionale und informierende Werbung.

Artikel	Emotionale Werbung/Slogans	Informierende Werbung/Slogans
Spülmittel		
Parfüm		
Auto		
Bier		
Schokolade		

5. Neben den moralischen Aspekten müssen Dominik und Carolin auch gesetzliche Bestimmungen bei der Werbung beachten. Ein Grundprinzip in der sozialen Marktwirtschaft ist der Wettbewerb. Als „Regelwerk" für den Wettbewerb gibt es hier das Gesetz gegen den unlauteren Wettbewerb (UWG). Führen Sie auf, wovor das UWG grundsätzlich schützt.

6. Carolin und Dominik werden nun damit beauftragt, im Rahmen der ethischen und gesetzlichen Grenzen Werbeslogans zu entwickeln, die zu einer besseren Marktposition der Hoffmann KG führen sollen. Dabei sollen sie die Konkurrenz im Internet (neue Onlineshops) sowie das neue Unternehmen aus der Modebranche (Meyermann GmbH) berücksichtigen.

a) In der Hauptfiliale soll für die Damenmode in einer ganzseitigen Zeitungsanzeige wöchentlich mit markanten Slogans geworben werden. Erstellen Sie dazu für den kommenden Monat (vier Wochen) Slogans, die sich auf einzelne Produkte der Damenmode oder auf das Unternehmen insgesamt beziehen.

b) Begründen Sie Ihre Entscheidungen.

a) Slogan	b) Begründung

1.10 Wir unterscheiden und entwickeln Preisstrategien

Handlungssituation

Frau Kandemir, Sachbearbeiterin im Verkauf der Hoffmann KG, bittet den Auszubildenden Sebastian Holpert und die von ihm gerade betreute Praktikantin Carolin Saager darum, dass sie sich mit einer Preisaktion der Konkurrenz befassen. Die Preise der Konkurrenz liegen weit unter denen der Hoffmann KG. Hierzu hat Frau Kandemir folgende Informationen über ein paar ausgewählte Artikel vorliegen:

Artikel	Damen-Feinknie-strümpfe, alle Farben und Größen	Herren-Skijacke Feuer & Eis, Modell: Yosemite Deluxe	Damen-Thermo-unterhemd von Outback, weiß
Preis Weinberg AG normal	0,89 €	329,00 €	12,99 €
Preis Weinberg AG laut aktuellem Angebot	0,89 €	299,00 €	8,99 €
Preis Hoffmann KG normal	0,99 €	329,00 €	11,99 €

Frau Kandemir möchte wissen, wie die Konkurrenz sich eine solche Preisbildung leisten kann und welches Ziel sie hiermit verfolgt. Sie bittet die beiden also darum, ihr am Nachmittag die Ergebnisse ihrer Nachforschungen zu präsentieren.

In einschlägiger Fachliteratur finden die beiden folgenden Informationstext:

Grundlagen der Preisbildung

Verschiedene Faktoren beeinflussen den Preis. Insbesondere sind natürlich das Angebot und die Nachfrage als solche Faktoren zu nennen, aber auch betriebliche Ziele und Vorgaben, Kosten und die Konkurrenz sind als solche zu beachten und somit auch in der Preiskalkulation zu berücksichtigen.

Die Marktverhältnisse können so sein, dass für das Unternehmen bezüglich der Bestimmung des Verkaufspreises kein Spielraum besteht (Verkaufspreis vorgegeben), dass der Bezugspreis für bestimmte Produkte durch die Lieferer vorgegeben wird, da diese z. B. eine große Marktmacht besitzen (Bezugspreis vorgegeben), oder dass sowohl Bezugs- als auch Verkaufspreis vorgegeben sind.

In jeder dieser Situationen sind dem Unternehmen unterschiedliche Rahmenbedingungen für seine Kalkulation vorgegeben, da es unterschiedliche Kalkulationsgrößen nicht beeinflussen kann. Somit ist jeweils ein anderes Vorgehen zur Ermittlung des Preises (Kalkula-

tionsverfahren) erforderlich. Bei den Kalkulationsverfahren darf nie außer Acht gelassen werden, dass das Unternehmen mindestens kostendeckend wirtschaftet und darüber hinaus zusätzlich einen kalkulierten Gewinn einbringt.

Um dies zu erreichen, darf das Unternehmen seine Waren langfristig nicht unter seiner absoluten Preisuntergrenze anbieten. Diese ist vorgegeben durch den Bezugspreis der Waren zuzüglich aller Kosten, die beim Unternehmen selbst anfallen (Selbstkostenpreis), zuzüglich der Umsatzsteuer, da diese an das Finanzamt abgeführt werden muss.

Von einer Preisobergrenze spricht man, wenn ein Unternehmen den Verkaufspreis nicht beeinflussen kann. Unter solchen Marktbedingungen muss das Unternehmen so kalkulieren, dass der Einkaufspreis eine Obergrenze nicht überschreitet, da ansonsten der geplante Gewinn nicht erwirtschaftet werden kann.

1. Stellen Sie mithilfe des Informationstextes zu den Grundlagen der Preisbildung heraus, woran es liegen könnte, dass die Weinberg AG sich solch geringe Preise erlauben kann. Verwenden Sie Fachbegriffe.
2. Unterscheiden Sie die verschiedenen Arten der Preisstrategien in Ihren eigenen Worten: a) Preisdifferenzierung, b) Mischkalkulation, c) Sonderangeboten und d) Rabattgewährung.
3. Bestimmen Sie die mögliche Strategie der Konkurrenz der Hoffmann KG. Beziehen Sie sich dabei auch auf die Handlungssituation und stellen Sie Überlegungen über die Gründe für die Preisunterschiede an.
4. Bereiten Sie gemeinsam mit Ihrem Tischnachbarn oder Ihrer Tischnachbarin das Gespräch zwischen Sebastian und Frau Kandemir vor. Stellen Sie sich darauf ein, dass Sie die Ergebnisse vor der Klasse präsentieren. Notieren Sie dazu Stichwörter.

Geben Sie die Art der Preisdifferenzierung in den folgenden Fällen an:
a) Ein Kosmetikprodukthändler wirbt damit, dass er allen Kundinnen und Kunden, die zwischen 14 und 20 Jahre alt sind, einen Preisnachlass von 12 % gewährt.
b) Die Hoffmann KG bietet Holzfällerhemden in verschiedenen Städten zu unterschiedlichen Preisen an.
c) Ein Sportartikelhändler verlangt für einen Golfball 0,39 €. Bei der Abnahme von 10 Bällen sinkt der Preis auf 0,37 €, bei 50 Bällen auf 0,35 € und bei 100 Bällen auf 0,32 € je Ball.
d) Ein Outdoor-Fachhändler bietet Campingartikel in der Zeit von September bis März preisgünstiger als im Rest des Jahres an.

1.11 Wir nutzen elektronische Dienste zu Marketingzwecken

Bei einer weiteren Abteilungssitzung Verkauf steht neben verschiedenen anderen Themen auch die schlechte Situation in der Darmstädter Filiale auf der Tagesordnung.

Herr Raub: „Wir haben entschieden, zur Verbesserung der Lage in Darmstadt dort einen neuen Vertriebsweg anzubieten: einen Onlineshop mit Bringdienst für eine sofortige Auslieferung. Die Logistikabteilung hat schon signalisiert, dass ein geeignetes Fahrzeug angeschafft wird. Aber unsere Abteilung muss noch ihre Hausaufgaben machen für den Aufbau dieses neuen Angebots."

1. Klären Sie, zu welcher E-Commerce-Art der Onlineshop der Hoffmann KG gehört.
2. Führen Sie mögliche Gründe für Kundinnen und Kunden auf, nicht in ein Ladengeschäft zu gehen, sondern online Ware zu bestellen.
3. Geben Sie an, über welche Aufgaben/Funktionen/Bestandteile ein idealer Shop verfügen sollte.

4. Machen Sie in Skizzenform einen Vorschlag, wie der Onlineshop der Hoffmann KG aussehen könnte.
5. Führen Sie auf, welche Möglichkeiten es für Kundschaft gibt, im Onlineshop zu bezahlen.

Vertiefungs- und Anwendungsaufgaben

1. Geben Sie Fälle an, wo Käufe im Internet rechtlich anders behandelt werden als normale Käufe.
2. Beurteilen Sie die folgenden Aussagen.

Aussage	richtig	falsch – Begründung
Von Fernabsatz spricht man, wenn die Ware vom Verkäufer über mehr als 1 000 km zum Käufer oder zur Käuferin geliefert wird.		
Eine schriftliche Widerrufserklärung ist auch ohne Unterschrift des Kunden/der Kundin rechtsgültig.		
Unternehmen müssen Verbraucher/-innen darauf hinweisen, dass sie jeden erteilten Auftrag innerhalb von 28 Tagen widerrufen können.		
Statt des Rechts auf Widerruf können Anbieter auch ein Rückgaberecht anbieten.		
Im Falle des Rückgaberechts haben Käufer/-innen die Kosten und Gefahr der Rücksendung zu tragen.		
Von den Bestimmungen des BGB zum Fernabsatz werden nicht erfasst u. a. die Direktgeschäfte der Banken und Versicherungen.		
Electronic Commerce ist der Handel mit elektronischen Artikeln.		
Business-to-Consumer (B2C) ist der elektronische Versandhandel mit Endkundschaft.		
Electronic Commerce hat für Kundinnen und Kunden kaum Vorteile.		
Im Internet kann man nur mit Vorkasse bezahlen.		

1.12 Wir wenden Onlinemarketing-Maßnahmen an

Handlungssituation

Carolin Saager ist momentan in der Marketing-abteilung eingesetzt. Dort hört sie, wie der Abteilungsleiter Herr Pawelec einer Kollegin erklärt:

„Wir begleiten die Kundinnen und Kunden auf ihrer Customer Journey. Das Ziel dabei ist es, möglichst viele Leads zu generieren. Eine große Rolle dabei spielen unser Online-Video-Advertising, unser Affiliate-Marketing, Tracking und Cookies und vieles mehr ...."

Handlungsaufgaben

1. Geben Sie an, was man unter Onlinemarketing versteht.
2. Führen Sie auf, welche Rolle die Website eines Unternehmens im Rahmen des Marketings spielt.
3. Erläutern Sie die Begriffe
   a) Lead
   b) Customer Journey
4. Geben Sie Erläuterungen zu den fünf Phasen der Customer Journey.

Name der Phase	Erläuterung
Awareness	
Favoribility	
Consideration	
Intent to purchase	
Conversion	

5. Neben einer Website und einem Shop kann ein Unternehmen das Internet auch für verschiedene Marketingmaßnahmen verwenden. Erläutern Sie kurz die in der Tabelle aufgeführten Onlinemarketing-Maßnahmen.

Onlinemarketing-Maßnahme	Erläuterung
E-Mail-Marketing	
Display-Marketing (Bannerwerbung)	
Online-Video-Advertising	

Onlinemarketing-Maßnahme	Erläuterung
Affiliate-Marketing	
Suchmaschinenmarketing	
Suchmaschinenoptimierung	
Mobiles Marketing	
Social-Media-Marketing	

6. Im Rahmen des Display-Marketings spielen Banner eine große Rolle. Erläutern Sie diesen Begriff.

7. Eine Sonderform des Display-Marketings ist das Affiliate-Marketing. Unterscheiden Sie zwischen Affiliates, Merchants und Affiliate-Netzwerk-Organisationen.

Begriff	Erläuterung
Affiliate	
Merchant	
Affiliate-Netzwerk-Organisation	

8. Unterscheiden Sie Apps und QR-Codes, die bei Maßnahmen des mobilen Marketings angewendet werden.

Begriff	Erläuterung
Apps	
QR-Code	

9. Im Onlinemarketing oft angewendet wird das Tracking mit Cookies. Erläutern Sie die Begriffe:
   a) Tracking
   b) Cookie

10. Unternehmen können auch Möglichkeiten des Web 2.0 nutzen. Erläutern Sie in diesem Zusammenhang
    a) Web 2.0
    b) Social-Media-Marketing
    c) virales Marketing

11. Führen Sie Beispiele für Social-Media-Plattformen auf.

12. Geben Sie an, welche Social-Media-Plattform Sie nutzen und was Sie als deren Hauptvorteil für sich ansehen.

13. Das Internet wird nicht nur vom Handel, sondern von allen Wirtschaftszweigen genutzt. Nennen Sie drei momentan zu beobachtende Trends.

2 Beschaffung und Lagerung

2.1 Wir bereiten die Beschaffung von Waren vor

Handlungssituation

Herr Hetzel, Leiter des Funktionsbereichs Einkauf, hat gerade eine Auswertung des Warenwirtschaftssystems vor sich liegen. Er beschließt, Praktikantin Carolin Saager damit zu beauftragen, die notwendigen Nachbestellungen von Waren vorzunehmen.

Datei **Bearbeiten** Stammdaten Beschaffung Lager Verkauf Auswertungen Inventur Hilfsmittel **Ansicht**

Bestellung

Eingabe Bestellung

	Bezeichnung	Bestand	Reserv.	erw. Zug.	verf. Best	Meldebest	
4023007373126	Baumwoll-Sakko gefüttert	170	0	0	170	275	
4024009494154	Boxershirts, Gr. L 100% Baumw	300	0	0	300	550	
4022006262097	Damen-Leder-Gürtel	75	0	0	75	135	
4024009494178	Damenpullover "Elle"	700	0	0	700	165	
4024010404166	Holzfällerhemden, Farbe sorti	890	0	0	890	310	
4021003131085	Hosenanzug	250	0	0	250	360	
4021004141052	Jacquard-Blazer	430	0	0	430	155	
4022005252068	Jeans-Rock	660	0	0	660	190	
4020102200081	Jeansweste mit Pailletten	200	0	0	200	110	
4022005252075	Jerseykleid	750	0	0	750	145	
4024010404180	Jogginganzug	65	0	1735	1800	210	
4023007373119	Kette mit Anhänger	100	0	0	100	340	
4022005500046	Klima-Aktiv-Jacke	120	0	0	120	90	
4021003131078	Leder-Blazer, Porc-Velours	300	0	0	300	100	
4021002200010	Multifunktionsjacke	295	0	0	295	210	
4021002125030	Nadelstreifen-Anzug mit West	180	0	0	180	55	
4023007373140	Strickjacke 100 % Baumwolle	400	0	0	400	165	
4021003131030	Stufenrock mit Spitzensaum	125	0	825	950	134	
4021003131023	Wellness Microfaser-Anzug	870	0	0	870	110	

Gleichzeitig soll sie die Neuaufnahme des Artikels Damenpullover der Größen 42 bis 46 (70 % Wolle, 30 % Polyacryl) in das Sortiment vorbereiten. Herrn Hetzel wurden verstärkt Nachfragen von Kundinnen nach diesem Artikel gemeldet.

Handlungsaufgaben

1. Stellen Sie fest, welche Artikel Carolin nachbestellen muss.
2. Beschreiben Sie die notwendigen Schritte, die zur Nachbestellung dieser Artikel erforderlich sind.
3. Wählen Sie die günstigste Bezugsquelle für den Artikel Jogginganzug anhand des Artikelstamms im Warenwirtschaftssystem der Hoffmann KG aus.

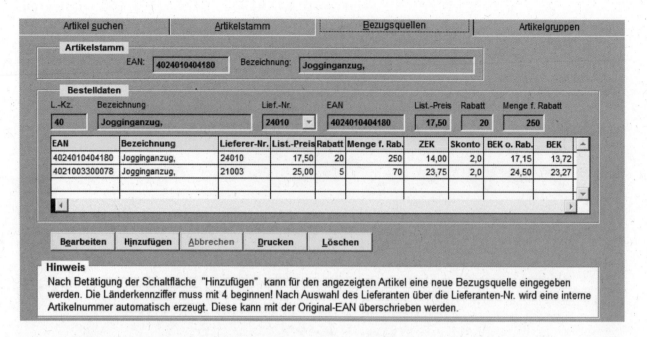

4. Herr Hetzel bittet Carolin zu überprüfen, ob bei einer Neubestellung von 1 000 Stück einer Laufhose mit einer Bestellsumme von 25.800,00 € noch genügend Geld für weitere Bestellungen in der Warengruppe vorhanden ist. Carolin führt daher mit einem EDV-gestützten Warenwirtschaftssystem eine Limitrechnung für eine bestimmte Warengruppe durch. Sie arbeitet mit folgenden Daten:

- angestrebter Umsatz im Planungszeitraum aufgrund früherer Verkäufe: 300.000,00 €
- erhoffter Kalkulationsabschlag (= erzielte Kalkulation): 40 %
- Limitreserve: 20 %
- Ist-Bestellungen bisher: 110,00 €
- Freigabe jetzt: 25.800,00 €

a) Tragen Sie die fehlenden Begriffe in die Tabelle ein.
b) Berechnen Sie das neue Restlimit.

Begriff	Betrag	Erläuterung
Umsatz		
erzielte Kalkulation	40,0 %	
Planumsatz EK		
Saisonlimit		
Limitreserve		
freies Limit		
Ist-Bestellungen		
Restlimit		
Freigabe	jetzt	
Restlimit neu		

5. Herr Hetzel teilt Carolin mit, dass der Gesamtbedarf des nächsten Jahres an Laufhosen 1 000 Stück beträgt. Es fallen 80,00 € Kosten pro Bestellung an. Die Lagerkosten betragen 1,20 € je Stück. Sie soll ermitteln, wie oft und mit welchen Mengen der Artikel am kostengünstigsten bezogen werden kann. Ermitteln Sie die optimale Bestellmenge.

Bestellmenge	Anzahl der Bestellungen	Bestellkosten	Lagerkosten	Gesamtkosten	optimale Bestellmenge

6. Carolin muss nun Bezugsquellen für den neuen Artikel Damenpullover finden.
   Führen Sie acht mögliche Informationsquellen für die Auswahl von Erstlieferern auf.

7. Carolin fordert Angebote zum Artikel Damenpullover von neuen Lieferern an. Sie entnimmt einem Branchenadressbuch auch die folgende Bezugsquelle:
   Flammann KG, Halberstädter Str. 18, 30134 Hildesheim
   Erstellen Sie eine Anfrage an die Flamman KG.

Hoffmann KG
seit 1949

Hoffmann KG | Bergener Str. 6a | 60547 Frankfurt a. M.

Ihr Zeichen:
Ihre Nachricht vom:
Unser Zeichen:
Unsere Nachricht vom:

Name:
Telefon:
E-Mail:

Datum:

8. Aufgrund der Anfrage von Carolin liefert die Firma Flammann KG 500 Damenpullover.
   Beurteilen Sie die rechtliche Situation.

2.2   Wir vergleichen Angebote

Handlungssituation

Die Hoffmann KG hat vier Angebote über die Lieferung von Damenpullovern der Größen 42 bis 46 (70 % Wolle, 30 % Polyacryl) eingeholt. Um für das demnächst anlaufende Frühjahrsgeschäft ein ausreichendes Angebot zu haben, benötigt sie in spätestens 14 Tagen 100 Damenpullover.

Aus dem Schreiben der Wuppertaler Firma Pavel Michalak an die Hoffmann KG:

> Für das unserem Haus entgegengebrachte Interesse danken wir Ihnen und bieten Ihnen an:
> Nr. 85 Mod. Florenz aus 70 % Wolle und 30 % Polyacrylfasern je 30,00 €
> Bei Abnahme von mindestens 50 Pullovern können wir Ihnen einen Rabatt von 10 % auf den Listeneinkaufspreis einräumen.
> Wir gewähren Ihnen außerdem ein Zahlungsziel von 40 Tagen. Bei Zahlung innerhalb von 8 Tagen erhalten Sie 2 % Skonto.
> Die Lieferung erfolgt frei Haus.

Aus dem Schreiben der Firma Huhn in Gießen an die Hoffmann KG:

> Wir bedanken uns für Ihre Anfrage und bieten Ihnen an:
> Nr. 998 Mod. Locarno aus 30 % Polyacryl und 70 % Wolle   je 25,00 €
> Lieferzeit: 8 Tage nach Bestellung
> Zahlung: 30 Tage Ziel
> Versandkosten: 112,00 €
>
> Für Ihre Werbeaktionen stellen wir Ihnen kostenlos Werbeplakate zur Verfügung.

Aus dem Schreiben der Friedberger Firma Emre an die Hoffmann KG:

> Vielen Dank für Ihre Anfrage. Wir bieten Ihnen an:
> Nr. 123 Mod. Jeannette aus 70 % Wolle und 30 % Polyacryl je 24,00 €.
> Mindestabnahme: 20 Stück.
> Lieferung frei Haus. Zahlungsbedingungen: 14 Tage netto Kasse; bei Zahlung innerhalb einer Woche 1 % Skonto. Die Lieferzeit beträgt momentan 4 Wochen!

Aus dem Schreiben der Firma Abmeier aus Marburg an die Hoffmann KG:

> können wir Ihnen folgendes Angebot machen:
> Nr. 0079 Modell „Carmen" aus Polyacryl je 18,50 €.
> Lieferung erfolgt sofort frei Haus, 30 Tage Ziel.

Carolin Saager bearbeitet die heute hereingekommenen Angebote. Sie führt zunächst einen Angebotsvergleich durch und bestellt sofort schriftlich die Ware bei dem für die Hoffmann KG günstigsten Lieferanten. Drei Tage später kommt von dem Lieferanten eine E-Mail, dass man sich für die Bestellung bedanke, der Rechnungspreis sich aber um 55 % verteuere, weil mittlerweile die Rohstoffpreise drastisch gestiegen seien.

1. Begründen Sie, warum es sich bei den vier Schreiben, die Carolin bearbeitet, nicht um Anpreisungen, sondern um Angebote handelt.
2. Klären Sie, ob die Angebote bindend sind.
3. Stellen Sie fest, wie bei den vier Angeboten die Übernahme der Versandkosten zwischen Käufer und Verkäufer geregelt ist.
4. Die Angebote der vier Unternehmen sollen nun miteinander verglichen werden.
   a) Führen Sie den quantitativen Angebotsvergleich durch und ermitteln Sie den für die Hoffmann KG günstigsten Lieferanten.

quantitativer Angebotsvergleich	Pavel Michalak	Huhn	Emre	Abmeier

   b) Um qualitative Aspekte in die Kaufentscheidung einfließen zu lassen, sammelt Carolin zunächst alle relevanten Informationen.
   Ergänzen Sie die Tabelle.

qualitativer Angebotsvergleich	Pavel Michalak	Huhn	Emre	Abmeier

   c) Oft wird im Rahmen eines qualitativen Angebotsvergleichs die Methode der Nutzwertanalyse angewandt.

Bei der Nutzwertanalyse werden mögliche Entscheidungskriterien so gewichtet, dass wichtige Kriterien stärker zur Geltung kommen als unwichtige. Die Qualität der Entscheidungen soll dadurch gesteigert werden.

Man wählt zunächst geeignete Kriterien aus, die bei der Beurteilung von Angeboten als wichtig angesehen werden.

Nach ihrer Wichtigkeit werden die ausgewählten Kriterien dann mit Gewichtungspunkten (bzw. Gewichtungsprozenten) gewichtet. Die Gesamtsumme der vergebenen Punkte (bzw. Prozente) muss 100 betragen.

Im nächsten Schritt wird bewertet, inwieweit die Angebote das jeweilige Kriterium erfüllen. Bei jedem Angebot wird für jedes Kriterium das Produkt aus Gewichtungs- und Bewertungspunkten ermittelt.

Die Punkte werden pro Angebot zusammengezählt. Das Angebot mit der höchsten Summe ist das qualitativ beste.

Zur endgültigen Auswahl nutzt Carolin nun im Rahmen des qualitativen Angebotsvergleichs die Nutz-wertanalyse. Dabei wählt sie die Variante, die den Bezugspreis einbezieht. Sie hat mittlerweile schon die relevanten Kriterien ermittelt und diese gewichtet. Auch hat sie schon bewertet, inwieweit die jeweiligen Angebote das jeweilige Kriterium erfüllen (Eingaben von Carolin in der folgenden Tabelle in kursiver Schrift).

Tragen Sie in der Tabelle zu den einzelnen Entscheidungskriterien die gewichtete Beurteilung ein.

Entscheidungs-kriterien	Gewichtungs-punkte der Kriterien	ANGEBOTE							
		Pavel Michalak		Huhn		Emre		Abmeier	
Preis	30	3		3		4		5	
Lieferzeit	30	5		4		0		5	
Zahlungsziel	8	5		4		3		4	
Material	30	5		5		5		0	
Unterstützung von Werbeaktivitäten	2	0		5		0		0	
Gesamtsumme	100								

d) Stellen Sie fest, für welchen Lieferanten sich die Hoffmann KG entscheiden wird.

5. Beurteilen Sie die Situation, dass der ausgewählte Lieferant für die bestellte Ware einen um 55 % höheren Preis verlangt.

Vertiefungs- und Anwendungsaufgaben

1. Führen Sie auf, in welchen Fällen Angebote nicht bindend sind.
2. Der Zeitpunkt der Bezahlung der Ware kann vor, bei oder nach Lieferung erfolgen.
   Wann liegt bei den folgenden Bedingungen der Zeitpunkt der Zahlung?

Zahlungsbedingung	Zeitpunkt der Zahlung
Zahlung gegen Nachnahme	
Ziel 2 Monate	
Zahlung im Voraus	
netto Kasse	

3. Erläutern Sie anhand der folgenden Arbeitsschritte, wie die Übernahme der Kosten der Versand-packung zwischen Käufer/-in und Verkäufer/-in geregelt werden kann. Halten Sie Ihre Ergebnisse in der nachfolgenden Tabelle fest.
   a) Stellen Sie fest, welche unterschiedlichen Regelungen es gibt.
   b) Erläutern Sie die jeweilige Regelung.
   c) Ermitteln Sie beispielhaft die Kosten für die Hoffmann KG als Käuferin im folgenden Fall: Das Nettogewicht einer Ware, die die Hoffmann KG bestellen möchte, beträgt 50 kg. Der Preis pro kg beträgt 2,00 €. Das Verpackungsgewicht (Tara) beträgt 2 kg. Der Selbstkostenpreis der Ver-packung beträgt 5,00 €.

a) Regelungen zur Übernahme der Kosten	b) Bedeutung	c) Kosten für die Hoffmann KG als Käuferin im Beispiel
gesetzliche Regelung		
vertragliche Regelung:		
vertragliche Regelung:		
vertragliche Regelung:		

4. Stellen Sie fest, wie die gesetzliche Regelung für die Übernahme der Versandkosten beim Platzkauf ist.

5. Erläutern Sie, wie die Übernahme der Versandkosten zwischen Käufer/-in und Verkäufer/-in geregelt werden kann und halten Sie Ihre Ergebnisse in der nachfolgenden Tabelle fest.

   a) Stellen Sie fest, welche unterschiedlichen Beförderungsbedingungen es gibt.

   b) Erläutern Sie jeweils, welche Kosten der Verkäufer/-innen übernehmen muss.

   c) Ermitteln Sie beispielhaft die Kosten für die Hoffmann KG als Käuferin im folgenden Fall: Die Hoffmann KG bestellt Waren bei der ELEKTREX GmbH in München, die mit der Bahn transportiert werden. Für den Transport vom Sitz der ELTEKTREX zum Versandbahnhof München entstehen 40,00 € Hausfracht. Die Fracht der Bahn beträgt 450,00 €. Für den Transport vom Empfangsbahnhof Frankfurt ins Lager der Hoffmann KG müssen an den Bahnspediteur 50,00 € Hausfracht gezahlt werden.

a) Beförderungsbedingungen beim Versendungskauf	b) Kosten für Verkäufer/-in	c) Kosten für die Hoffmann KG als Käuferin im Beispiel
gesetzliche Regelung		
vertragliche Regelung:		

a) Beförderungsbedingungen beim Versendungskauf	b) Kosten für Verkäufer/-in	c) Kosten für die Hoffmann KG als Käuferin im Beispiel
vertragliche Regelung:		
vertragliche Regelung:		
vertragliche Regelung:		

6. Ergänzen Sie das folgende Schema der Bezugskalkulation:

Listenpreis	Preis, der im Angebot (oft in Form von Listen) genannt wird	100 %	200,00 €
		– 20 %	
		– 2 %	
		10,40 €	
= Bezugspreis			

7. Bei Carolin, weiterhin in der Einkaufsabteilung eingesetzt, gehen heute Vormittag die folgenden Fälle über den Schreibtisch:

I. Die Hoffmann KG erhält drei Angebote für den Artikel „Digitales Diktiergerät". Ermitteln Sie den jeweiligen Bezugspreis.

a) Kurz KG: Listenpreis 11,20 €; 3 % Skonto; 10 % Rabatt; keine Bezugskosten

b) Uhlendorf Büro GmbH: Listenpreis 13,10 €; kein Skonto; 25 % Wiederverkäuferrabatt; Bezugskosten 2,00 €

c) Tegeler GmbH: Listenpreis 9,30 €; kein Rabatt; kein Skonto; Bezugskosten 8 % des Listenpreises

II. Die Hoffmann KG hat eine Lieferung Tomaten (100 kg) für die Kantine bekommen. Berechnet werden müssen die in Rechnung gestellten Verpackungskosten. Der Preis der Tomaten liegt bei 0,90 € je Kilogramm. Die Tara beträgt 10 kg. Berechnen Sie die Kosten bei b/n.

III. Für den Transport eines Artikels von Hamburg nach Frankfurt entstehen folgende Kosten:

Rollgeld 1 (Hamburg – Bahnhof Hamburg)	14,00 €
Fracht Hamburg – Frankfurt	36,00 €
Rollgeld 2 (Bahnhof Frankfurt – Lager Hoffmann KG)	18,00 €

Bestimmen Sie die Transportkosten für die Käuferin (die Hoffmann KG in Frankfurt) in folgenden Situationen:

Beförderungsbedingungen	Transportkosten der Hoffmann KG
unfrei	
Es liegt keine vertragliche Regelung vor.	
frei Haus	
ab Werk	
frachtfrei	
ab Bahnhof hier	

8. Carolin hat verschiedene Angebote für einen Artikel eingeholt. Nach dem quantitativen Angebotsvergleich haben drei Angebote den gleichen günstigsten Bezugspreis. Zur endgültigen Auswahl nutzt Carolin im Rahmen des qualitativen Angebotsvergleichs die Nutzwertanalyse.
Sie hat mittlerweile schon die relevanten Kriterien ermittelt und diese gewichtet. Auch hat sie schon bewertet, inwieweit die jeweiligen Angebote das jeweilige Kriterium erfüllen (Eingaben von Carolin in der folgenden Tabelle in kursiver Schrift).

a) Ergänzen Sie die Tabelle der Nutzwertanalyse.

Entscheidungs- kriterien	Gewichtungspunkte der Kriterien	ANGEBOTE					
		Runge KG		Matzke AG		Schaper GmbH	
Mitlieferung von Werbematerial	10	5		5		3	
Termintreue	30	5		3		1	
Lieferzeit	10	1		3		5	
Umweltaspekte	20	4		1		2	
Beschwerden in der Vergangenheit	10	3		5		5	
Qualität	20	3		4		5	
Gesamtsumme	100						

b) Entscheiden Sie, welchen Anbieter Carolin auswählen soll.

2.3 Wir bestellen Sachgüter und schließen Kaufverträge ab

Handlungssituation

Auch Katarzyna Popov arbeitet zurzeit in der Einkaufsabteilung der Hoffmann KG. Vom Abteilungsleiter, Herrn Hetzel, erhält Katarzyna am 04.09.20.. den Auftrag, bei Spengler & Sohn

100 Blusen, weiß, Größe 36 – 50 Blusen, weiß, Größe 38 – 50 Blusen, weiß, Größe 40 – 20 Blusen, weiß, Größe 42

zu bestellen.

Von Spengler & Sohn liegt das folgende Angebot vor:

Spengler & Sohn OHG
Lahnstraße 14 • 35578 Wetzlar

Spengler & Sohn OHG · Lahnstraße 14 · 35578 Wetzlar

Hoffmann KG
Herrn Hetzel
Bergener Str. 6a
60547 Frankfurt am Main

Ihr Zeichen: 20..-08-08
Ihre Nachricht vom:
Unser Zeichen: O/S
Unsere Nachricht vom:

Name: Herr Gerhard
Telefon: 06441 7328-55
E-Mail: gerhard@spengler-wvd.de
Datum: 20..-09-02

Angebot in Freizeithemden

Sehr geehrter Herr Hetzel,

wir danken für Ihre Anfrage. Folgende Blusen können wir Ihnen zu einem äußerst günstigen Preis anbieten:

Bestell-Nr. 4435   Damenblusen, weiß, 50 % Baumwolle, 50 % Polyester, Gr. 36 bis 42, zum Preis von 12,40 €/Stück einschließlich Verpackung

Bei Abnahme von mindestens 50 Stück gewähren wir Ihnen einen Mengenrabatt von 15 %. Bei unserer Lieferung ab Lager Wetzlar stellen wir Ihnen pro Bluse 0,10 € Transportkosten in Rechnung. Die Blusen sind innerhalb 2 Wochen lieferbar.

Ihre Zahlung erbitten wir innerhalb von 4 Wochen ab Rechnungsdatum netto Kasse.

Wir freuen uns auf Ihren Auftrag.

Mit freundlichen Grüßen

Spengler & Sohn

i. V. *Gerhard*

Gerhard

Außerdem bittet Herr Hetzel Katarzyna, bei der STO AG, Nadelweg 5, 44532 Lünen 100 Spannbetttücher, Bestell-Nr. 123/4, zum Preis von 29,50 € je Stück, 200 Bettwäschegarnituren, Bestell-Nr. 134/2, zum Preis von 32,00 € je Stück nachzubestellen. Informationen über die STO AG findet Katarzyna in der Lieferantendatei der Hoffmann KG.

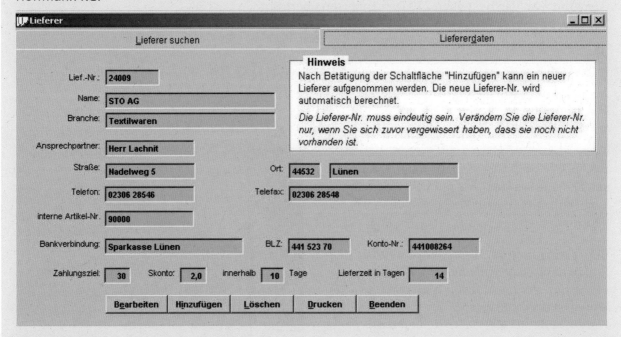

Herr Hetzel bittet Katarzyna, den Auftrag unverzüglich zu erledigen, da die Hoffmann KG die Blusen, Spannbetttücher und Bettwäschegarnituren bis spätestens 30.09.20.. benötigt.

Handlungsaufgaben

1. Nennen Sie die Formen, in denen Katarzyna die Bestellung abgeben kann.
2. Stellen Sie Vorteile und Nachteile der verschiedenen Formen der Bestellung in einer Übersicht dar.
3. Entscheiden Sie, welche Form der Bestellung Katarzyna für ihre Bestellung bei der Spengler & Sohn OHG wählen sollte. Begründen Sie Ihre Entscheidung.
4. Entscheiden Sie, welche Form der Bestellung Katarzyna für ihre Bestellung bei der STO AG wählen sollte. Begründen Sie Ihre Entscheidung.
5. Stellen Sie die Angaben zusammen, die eine ausführliche Bestellung enthalten sollte.
6. Stellen Sie die Angaben zusammen, die eine Bestellung mindestens enthalten muss.
7. Entscheiden Sie, welche Angaben die Bestellung an die Spengler & Sohn OHG enthalten soll. Begründen Sie Ihre Entscheidung.
8. Entscheiden Sie, welche Angaben die Bestellung an die STO AG enthalten soll. Begründen Sie Ihre Entscheidung.
9. Schreiben Sie die Bestellung an die Spengler & Sohn OHG.
10. Schreiben Sie die Bestellung an die STO AG.
11. Welche Voraussetzungen müssen erfüllt sein, damit ein Vertrag zwischen der Hoffmann KG und einem Lieferanten zustande kommt?
12. Durch welche Handlungen kann der Antrag auf Abschluss eines Kaufvertrags zwischen der Hoffmann KG und einem Lieferanten erfolgen? Nennen Sie zwei verschiedene Möglichkeiten.
13. Durch welche Handlungen kann ein Antrag auf Abschluss eines Kaufvertrags zwischen der Hoffmann KG und einem Lieferanten angenommen werden? Nennen Sie zwei verschiedene Möglichkeiten.
14. Stellen Sie fest, ob durch die Bestellung an die Spengler & Sohn OHG ein Kaufvertrag zustande gekommen ist.
15. Erläutern Sie, wie durch die Bestellung der Hoffmann KG an die STO AG ein Kaufvertrag zustande kommen kann.

16. Zählen Sie auf, welche Pflichten Verkäufer und Käufer nach Abschluss eines Kaufvertrags erfüllen müssen.
17. Geben Sie an, durch welche Handlungen die Hoffmann KG ihre Pflichten erfüllen kann, die durch den Abschluss des Kaufvertrags über den Kauf von Blusen entstanden sind.
18. Stellen Sie fest, warum es für die Hoffmann KG wichtig ist, dass ihr die Spengler & Sohn OHG das Eigentum an den bestellten 220 Damenblusen überträgt.

2.4 Wir nehmen Waren an und überprüfen die Waren auf Mängel

Handlungssituation

Carolin Saager und Dominik Schlote sind zurzeit im Zentrallager der Hoffmann KG eingesetzt. Heute werden sie vom Leiter der Abteilung Logistik, Herrn Hans Kreipe, zu sich gerufen.

Herr Kreipe begrüßt die Praktikantin und den Praktikanten. Anschließend bekommen sie direkt den ersten Auftrag: Sie sollen sich im Warenwirtschaftssystem ansehen, welche Waren heute geliefert werden, und diese dann im Laufe des Tages ordnungsgemäß annehmen.

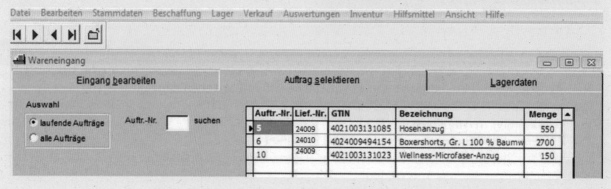

Handlungsaufgaben

1. Im Rahmen des Kaufrechts werden drei verschiedene Arten von Kaufverträgen im Hinblick auf die Produktarten unterschieden. Erläutern Sie die jeweilige Produktart und bringen Sie mindestens zwei Beispiele dazu.

Produktart	Begriff	Beispiele
analoge Güter		

Produktart	Begriff	Beispiele
digitale Güter		
Waren mit digitalen Elementen		

2. Carolin und Dominik sehen sich die Tageslieferungen im EDV-gestützten Warenwirtschaftssystem der Hoffmann KG an.

   a) Geben Sie an, um welche Produktart es sich bei den eingegebenen Tageslieferungen handelt.

   b) Begründen Sie, warum die Hoffmann KG ein EDV-gestütztes Warenwirtschaftssystem einsetzt.

   c) Führen Sie auf, welche Unterstützung Carolin und Dominik bei der Warenannahme durch das Warenwirtschaftssystem bekommen.

3. Carolin und Dominik gehen ins Lager, um die 2 700 bestellten Boxershorts direkt anzunehmen. Herr Kreipe sagt, dass es einen Unterschied zwischen der sofortigen und der unverzüglichen Warenkontrolle gibt.

   a) Erklären Sie den Unterschied zwischen der sofortigen und der unverzüglichen Warenkontrolle.

   b) Geben Sie an, welche Reihenfolge Carolin und Dominik bei der Annahme der Boxershorts beachten müssen.

   c) Wenn der Frachtführer/Anlieferer den Hof verlassen hat, müssen Carolin und Dominik weitere Kontrollen durchführen. Zählen Sie diese auf.

   d) Glücklicherweise haben Carolin und Dominik bei der Lieferung der Boxershorts keine Mängel festgestellt. Warum sollte die Hoffmann KG bei der Warenannahme die Lieferung kontrollieren?

4. Nun kommt der Lkw der Firma STO AG aus Lünen, um die bestellten 550 Stück Hosenanzüge sowie die 150 Stück Wellness-Microfaser-Anzüge im Lager der Hoffmann KG anzuliefern. Leider haben Carolin und Dominik bei der Warenannahme gleich mehrere Mängel festgestellt und diese ins Warenwirtschaftssystem eingegeben.

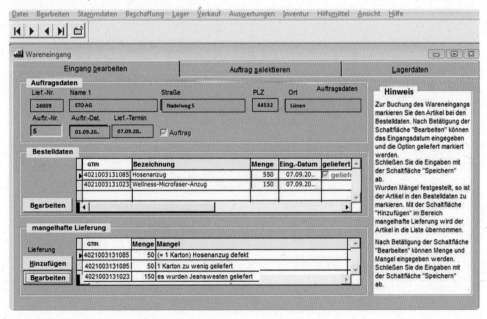

a) Beschreiben Sie, in welcher Art und Weise sich die drei Mängel unterscheiden.

Festgestellter Mangel	Art des Mangels
1 Karton Hosenanzüge defekt	
1 Karton Hosenanzüge zu wenig geliefert	
Statt der Wellness-Microfaser-Anzüge wurden Jeanswesten geliefert.	

b) Zwischen der Hoffmann KG und dem Lieferanten STO AG wurden im Kaufvertrag einer bestimmten Ware keine Besonderheiten bei der Beschaffenheit vereinbart. Die Ware wird geliefert und entspricht dem, was im Vertrag vereinbart wurde. Begründen Sie, warum es in einigen Fällen möglich ist, dass es trotzdem einen Mangel geben kann.

c) Der Verkäufer kann solche Fälle durch die Abgabe einer negativen Beschaffenheitsvereinbarung vermeiden. Erläutern Sie diesen Begriff.

5. Carolin und Dominik werden von Herr Kreipe gelobt, dass sie so aufmerksam waren bei der Warenannahme. Herr Kreipe möchte nun von den beiden wissen, welche möglichen Sachmängel es bei der Hoffmann KG noch geben kann.

a) Nennen Sie zu den verschiedenen Arten des Sachmangels jeweils ein Beispiel zu einem offenen Mangel, einem versteckten Mangel oder einem arglistig verschwiegenen Mangel, wie sie bei der Hoffmann KG passieren könnten.

Sachmangel	Beispiel (schüllerindividuell)	Erkennbarkeit des Mangels
Fehlen der vereinbarten Beschaffenheit		
Falschlieferung (Artmangel)		
Zuweniglieferung (Mengenmangel)		
Montagefehler		
mangelhafte Montage-anleitung mit Folge falscher Montage („Ikea-Klausel")		
Ware entspricht nicht der Werbeaussage (begründete Erwartung fehlt).		

b) Bei einer Lieferung kann es nicht nur zu einem Sachmangel kommen, auch ein Rechtsmangel wäre möglich. Erläutern Sie den Begriff unter Verwendung eines Beispiels von der Hoffmann KG.

6. Carolin fragt Herrn Kreipe, was denn nach Feststellung der Mängel bei den Hosenanzügen und beim Wellness-Microfaser-Anzug weiter passieren muss.

   Carolin Saager: „Müssen wir nicht reklamieren?"

   Herr Kreipe: „Ja, wir müssen dem Lieferanten (Verkäufer) den festgestellten Mangel in Form einer Mängelrüge mitteilen."

   a) Geben Sie an, welche Grundsätze bei einer Mängelrüge zu beachten sind.

   b) Empfehlen Sie eine mündliche oder eine schriftliche Mängelrüge beim Lieferanten STO AG? Begründen Sie Ihre Entscheidung.

   c) Bis wann muss die Hoffmann KG beim Lieferanten STO AG die festgestellten Mängel reklamieren? Begründen Sie Ihre Entscheidung.

   d) Nennen Sie jeweils ein Beispiel für einen zweiseitigen und für einen einseitigen Handelskauf bei der Hoffmann KG.

   e) Geben Sie an, bis wann die Hoffmann KG rügen müsste, wenn der Mangel der am 07.09.24 gelieferten Ware vom Lieferanten STO AG arglistig verschwiegen worden wäre?

   f) Formulieren Sie schriftlich eine kurze Mängelrüge an den Lieferanten STO AG.

Vertiefungs- und Anwendungsaufgaben

1. Führen Sie auf, wann folgende Mängel angezeigt werden müssen.

   a) Im Umkarton sind statt 10 Jogginganzügen nur 8 Jogginganzüge.

   b) Auf dem Lieferschein steht, dass die Waren beim Konkurrenzbetrieb angeliefert werden müssen.

   c) Auf dem Lieferschein stehen 2 000 zu liefernde Hosenanzüge, es sind aber offensichtlich nur 1 500 geliefert.

   d) Auf dem Lieferschein stehen 2 000 zu liefernde Hosenanzüge, es waren aber nur 1 500 Stück bestellt.

   e) Beim Auspacken der Ware stellt sich heraus, dass diese zum Teil verdreckt ist.

   f) Die Verpackung eines Pakets ist beschädigt.

2. Wenn es bei der Lieferung zu Mängeln gekommen ist, kann der Empfänger verlangen, dass der Frachtführer diesen Mangel auf den Begleitpapieren bestätigt.

   a) Begründen Sie, warum diese Bestätigung für den Empfänger wichtig ist.

   b) Nennen Sie die Möglichkeiten, die der Empfänger hat, wenn der Frachtführer die Bestätigung verweigert.

3. Beantworten Sie zu den folgenden Fällen, welche Kaufvertragsart (einseitiger, zweiseitiger oder bürgerlicher Kauf), welche Mangelart und welche Reklamationsfristen jeweils gelten.

Fall	Kaufvertragsart	Mangelart	Reklamationsfrist
Die Hoffmann KG bekommt statt der bestellten Herren-Anzüge der Größe L Anzüge in XL geliefert.			
Die Hoffmann KG bekommt statt der bestellten 100 Pakete Damen-ledergürtel nur 60 Pakete.			
Frau Evert kauft bei der Hoffmann KG einen Drehstuhl, den sie selbst zusammenbauen muss. Beiliegende Hinweise sind nur auf Chinesisch. Der Aufbau misslingt.			
Herr Alvar kauft bei der Hoffmann KG einen Drucker, der laut Werbung 25 Blatt pro Minute drucken soll, er schafft aber nur 8 Blatt.			

Fall	Kaufvertragsart	Mangelart	Reklamationsfrist
Frau Ochsenknecht verkauft Herrn Hoffmann eine alte Halskette. Diese schenkt er seiner Frau, die dann bemerkt, dass der Verschluss defekt ist.			
Linus kauft auf einem Trödelmarkt ein gebrauchtes Handy. Es stellt sich später heraus, dass dieses Handy gestohlen war.			

4. Füllen Sie die folgende Mindmap aus.

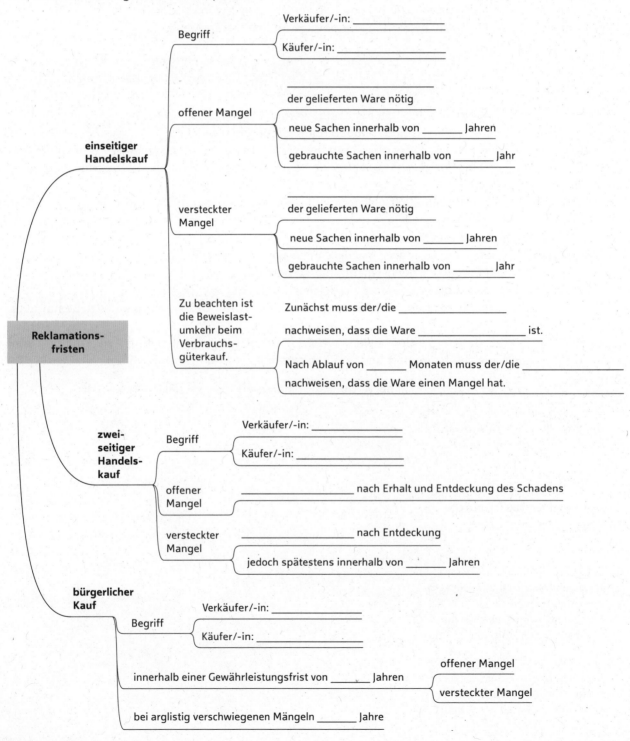

2.5 Wir erfüllen unter Beachtung allgemeingültiger Lagergrundsätze verschiedene Aufgaben im Lager

Handlungssituation

Carolin Saager und der Lagerleiter Herr Kreipe sitzen gerade vor dem EDV-gestützen Warenwirtschaftssystem, da stürmt Frau Bertram aus dem Controlling in den Raum. Diese ist für ihre cholerische und spitzzüngige Art bekannt.

Frau Bertram: „Kriegen Sie mal Ihren Laden in den Griff! Wir haben das Lager unserer kürzlich neu eröffneten Niederlassung in Darmstadt unter die Lupe genommen. Wenn ich die Situation auf den Punkt bringe: So, wie es dort zurzeit läuft, werden nur Kosten verursacht. Da machen wir das Lager besser dicht ..."

Herr Kreipe: „Nun mal langsam, Frau Bertram. Zunächst einmal geht doch aus Ihrem Bericht, der letzten Monat an die Geschäftsführung ging, sehr deutlich hervor, dass sowohl das Zentrallager als auch die dezentralen Lager an den Standorten gerade im Vergleich zu anderen Abteilungen gut dastehen ... Also erfüllen unsere Lager doch ihre Aufgaben! So, und was das neue Lager in Darmstadt betrifft: Wenn da gerade was schiefläuft, da kümmern wir uns natürlich drum. Was haben Sie denn überhaupt beobachtet?"

Frau Bertram: „Ich zitiere mal aus Äußerungen der dort im Lager eingesetzten Personen, die im Bericht meiner Leute festgehalten sind:

‚Wir haben im 2. Lagergebäude nur wenige Regale. Diese können die meisten Artikel nicht aufnehmen. Wir müssen die meisten Waren daher auf dem Boden stapeln.' (Person 1)
‚Das 2. Lagergebäude befindet sich in der Panzergarage einer ehemaligen Kaserne. Diese ist 220 Meter weit von den Geschäftsräumen und dem ersten Lager entfernt. Da man sehr häufig bei jedem Wetter zwischen den Geschäftsräumen und dem Lager pendeln muss, wird die Ware oft nass ...' (Person 2)
‚Wir müssen manchmal nach Warenanlieferungen das gesamte Lager durchsuchen, bis wir die gewünschte Ware gefunden haben.' (Person 3)
‚Sebastian Kim stürzte vergangene Woche über einen in einer nicht beleuchteten Ecke abgelegten Karton.' (Person 4)
‚Vorgestern konnte Herr Pietsch gerade noch einen Brand verhindern: Zwei Pakete hatten durch eine weggeworfene Zigarette begonnen zu brennen.' (Person 5)
‚Wir haben zwar Gabelstapler, können diese aber nicht richtig einsetzen: Wir müssen die Ware erst per Hand aus den engen Gängen herausholen und können sie erst dann mit dem Gabelstapler zu den Versandstationen bringen.' (Person 6)
‚Von den Wänden des Lagers bröckelt der Putz. Viele Waren sind mit einer dicken Staubschicht bedeckt.' (Person 7)
‚Durch eine Sperrholztür kamen Einbrecher ins Lager. Sie traten die Tür einfach auf.' (Person 8)
‚Vor zwei Monaten flossen aus mehreren undichten Fässern 200 l Textilfarbe ins Erdreich.' (Person 9)"

Handlungsaufgaben

1. Frau Bertrams Aussage „Da machen wir das Lager besser dicht." beinhaltet die provokante These, dass Filialen der Hoffmann KG kein Lager benötigen.
   a) Stellen Sie als Gegenargument die Aufgaben des Lagers dar und erläutern Sie diese.

b) Geben Sie an, wie und in welchem Ausmaß das Lager Ihres Praktikumsunternehmens die Aufgaben des Lagers erfüllt.

a) Aufgabe des Lagers	Erläuterung	b) Situation im Praktikumsbetrieb

2. Es gibt verschiedene Lagerarten. Erläutern Sie die folgenden Lagerarten und geben Sie an, wie und in welchem Ausmaß diese Lagerarten in Ihrem Praktikumsbetrieb vorhanden sind.
   a) Vorratslager
   b) Reservelager
   c) zentrales Lager
   d) dezentrales Lager

3. Herr Kreipe und Frau Bertram sind sich grundsätzlich einig, dass ein optimales Lager bestimmte Anforderungen erfüllen muss.
   a) Stellen Sie fest, gegen welche Lagergrundsätze verstoßen wurde.
   b) Erläutern Sie diese Lagergrundsätze.
   c) Identifizieren Sie, bei welchen Personenaussagen gegen die jeweiligen Lagergrundsätze verstoßen wurde.
   d) Machen Sie Vorschläge, wie die genannten Kritikpunkte behoben werden können.
   e) Geben Sie an, wie und in welchem Ausmaß diese Lagergrundsätze in Ihrem Praktikumsunternehmen eingehalten werden.

a) Lager-grundsatz	b) Erläuterung	c) Verstoß in der Aussage von Person	d) Verbesserungs-vorschlag	e) Situation im Praktikumsbetrieb

a) Lager-grundsatz	b) Erläuterung	c) Verstoß in der Aussage von Person	d) Verbesserungs-vorschlag	e) Situation im Praktikumsbetrieb

2.6 Wir nähern uns dem optimalen Lagerbestand mithilfe der Bestandskontrolle und der Lagerkennziffern

Handlungssituation

Carolin Saager ist zu Beginn des Jahres im Lager eingesetzt und unterhält sich mit dem Lagerleiter, Herrn Kreipe.

Herr Kreipe: „Es geht hier im Lager eigentlich immer auch darum, sich dem optimalen Lagerbestand anzunähern."

Carolin: „Den kann man also nicht genau berechnen?"

Herr Kreipe: „Nein, um den zu erreichen, verwendet man zwei Hilfsmittel, die Lagerbestandskontrolle und die Lagerkennzahlen."

Carolin: „Das sagt mir momentan noch gar nichts."

Herr Kreipe: „Ich wollte mir sowieso gerade zwei Artikel angucken."

Herr Kreipe ruft das Warenwirtschaftssystem auf. Es ermittelt folgende Daten für den Artikel „Jeans Anna Anana":
Der Lagerbestand des Artikels beträgt am 1. Januar 3 600 Stück. Jeden Monat werden 800 Stück an Kundinnen und Kunden verkauft. Die Hoffmann KG hält vorsichtshalber einen Sicherheitsbestand, der 6 Wochen reicht. Die Lieferfrist des Herstellers beträgt 8 Wochen.
Aus der Lagerdatei ergibt sich der Verlauf der Ein- und Ausgänge für den Artikel „Cheffe sakko New edition":

Datum	Eingang	Ausgang	Bestand	Monatsendbestände
01.01.			60	
14.01.	45			
27.01.		18		
08.02.		9		
03.03.		30		
09.03.	45			
15.04.		24		
05.05.		9		
27.05.	45			
06.06.		18		
21.07.		24		
15.08.	45			
29.08.		27		
04.09.		22		
29.09.	45			
04.10.		12		
21.10.		34		
09.11.	45			
18.11.		30		
05.12.		15		
17.12.	20			
22.12.		12		

Handlungsaufgaben

1. Erläutern Sie, warum Herr Kreipe/jedes Unternehmen bestrebt ist, sich im Lager dem optimalen Lagerbestand anzunähern.
2. Führen Sie die drei im Lager entstehende Kosten auf und erklären Sie diese.
3. Erklären Sie folgende Begriffe:
   a) Mindestbestand
   b) Meldebestand
   c) Höchstbestand
   d) Bestellzeitpunkt
4. Ermitteln Sie für den Artikel „Jeans Anna Anana":
   a) die Höhe des Mindestbestands
   b) die Höhe des Meldebestands
   c) den Bestelltermin
5. Erklären Sie folgende Begriffe:
   a) durchschnittlicher Lagerbestand
   b) Umschlagshäufigkeit
   c) durchschnittliche Lagerdauer

6. Ermitteln Sie den jeweiligen Bestand des Artikels „Cheffe sakko New edition" am Tag des Warenein- und Warenausgangs und tragen Sie diesen in den in der Handlungssituation aufgeführten Auszug aus der Lagerdatei ein.
7. Ermitteln Sie für den Artikel „Cheffe sakko New edition" die folgenden Lagerkennziffern.
   a) Berechnen Sie den durchschnittlichen Lagerbestand auf der Grundlage von Monatsinventuren und runden Sie auf.
   b) Ermitteln Sie die Lagerumschlagshäufigkeit.
   c) Stellen Sie die durchschnittliche Lagerdauer dieses Artikels fest.
8. Bewerten Sie die ermittelten Ergebnisse der Hoffmann KG für den Artikel „Cheffe sakko New edition" im Vergleich mit denen für Sakkos der Branche.
   Branchenwerte: durchschnittlicher Lagerbestand 19 Stück; Lagerumschlagshäufigkeit 9,6
9. Erläutern Sie Maßnahmen der Hoffmann KG zur Verbesserung der eigenen betrieblichen Kennzahlen.

Vertiefungs- und Anwendungsaufgaben

1. Die Geschäftsleitung der Hoffmann KG analysiert die Entwicklung einer Warengruppe in den Filialen Dortmund und Köln. Leider ist nicht aufgefallen, dass durch fehlenden Toner der Ausdruck des Warenwirtschaftssystems unvollständig war.

Dortmund	2019	2020	2021	2022	2023	2024	2025
Wareneinsatz (€)	90 000	90 000	90 000	90 000	90 000	90 000	90 000
Durchschnittlicher Lagerbestand (€)	45 000	30 000	22 500	15 000	11 250	9 000	6 000
Lagerumschlag (Häufigkeit)							

Köln	2019	2020	2021	2022	2023	2024	2025
Wareneinsatz (€)	90 000	135 000	180 000	270 000	360 000	450 000	675 000
Durchschnittlicher Lagerbestand (€)	45 000	45 000	45 000	45 000	45 000	45 000	45 000
Lagerumschlag (Häufigkeit)							

   a) Ergänzen Sie die Tabellen und berechnen Sie die Lagerumschlagshäufigkeit 2019 bis 2025.
   b) Beschreiben Sie die Entwicklung der Lagerumschlagshäufigkeit in beiden Fällen.
   c) Erläutern Sie für beide Fälle (Dortmund und Köln), wodurch die Änderung der Lagerumschlagsgeschwindigkeit zustande kam.
2. Erklären Sie mit eigenen Worten die folgenden Begriffe.
   a) Kommissionierung
   b) Warenmanipulation
   c) feste Lagerplatzzuordnung
   d) Verbrauchsfolgeverfahren
   e) artgemäße Lagerung
   f) optimaler Lagerbestand

3 Projektmanagement

3.1 Wir erkennen, dass viele komplexe und neuartige Aufgaben im Unternehmen mit Projekten gelöst werden können

Handlungssituation

Montagmorgen in der Hoffmann KG. Herr Sternecker, der Leiter der Stabsstelle „Organisation/EDV", steht gut gelaunt vor Sebastian Holperts Schreibtisch. Die Praktikantin Carolin Saager bekommt den folgenden Dialog mit:

Herr Sternecker: „Guten Morgen, Herr Holpert."

Sebastian: „Guten Morgen, Herr Sternecker."

Herr Sternecker: „Sie wundern sich sicherlich, warum ich vorbeikomme. Frau Nestmann fällt leider bis auf Weiteres krankheitsbedingt aus und kann daher auch nicht mehr in dem Projektteam mitarbeiten, das ich leite. Wir haben überlegt, wer einspringen könnte – und da tauchte Ihr Name auf: Sie wollen ja bei uns bleiben und werden auch von uns übernommen – so viel darf ich Ihnen schon verraten – da liegt es ja nur nahe, Sie auch Projekterfahrungen machen zu lassen. Wir haben das Ganze auch bereits mit Ihrem Abteilungsleiter Herrn Harriefeld abgesprochen. Sie unterstützen uns also ab sofort im Projektteam."

Sebastian: „Okay, äh, um was für ein Projekt geht es denn?"

Herr Sternecker: „Es geht um die Einführung eines neuen Warenwirtschaftssystems für die Hoffmann KG. Herr Holpert, ich weiß, ich überfall' Sie damit jetzt ein bisschen. Wir brauchen aber jemand, der mir assistiert. Sie werden heute also für sich zunächst einmal klären, was ein Projekt ist und wie sich die Projektarbeit in unserem Team von der Arbeit in der Abteilung bei Herrn Harriefeld unterscheidet ... Und ab morgen geht es dann für Sie richtig los. Wir sind gerade in der Projektstartphase ... und wir dürfen hier keinen wichtigen Schritt vergessen. Frau Nestmann hatte schon einmal angefangen, die Projektziele zu definieren und die Kick-off-Sitzung vorzubereiten. Das müssten Sie jetzt übernehmen. Hier sind ihre handschriftlichen Aufzeichnungen ..."

Sebastian: „Das klingt spannend! Ich versuche mein Bestes ..."

Was der Kunde erklärte

Was der Projektleiter verstand

Wie das Projekt dokumentiert wurde

Was der Kunde wirklich gebraucht hätte

Handlungsaufgaben

1. Führen Sie Merkmale eines Projekts auf.
2. Unterscheiden Sie die Arbeit in Projekten von der normalen Arbeit einer Sachbearbeiterin oder eines Sachbearbeiters.

Projektarbeit	Normale Sachbearbeitertätigkeit

3. Nennen Sie Beispiele für Projekte.
4. Geben Sie an, wodurch sich interne von externen Projekten unterscheiden.
5. Erläutern Sie den Begriff Projektmanagement.
6. Ergänzen Sie die folgende Aufzählung zum idealtypischen Ablauf der Nullphase mit kurzen Erläuterungen.
   a) Projektidee
   b) Austausch über die Projektidee
   c) Überlegungen über das Projektteam
   d) Formulierung der Projektidee
   e) Entscheidung über die Projektidee
7. Ergänzen Sie die folgende Aufzählung zum idealtypischen Ablauf der Projektstartphase mit kurzen Erläuterungen.
   a) Untersuchung des Problems
   b) Untersuchung der Vorgaben des Auftraggebers
   c) Formulierung der Projektziele
   d) Skizzierung einer möglichen Problemlösung
   e) Prüfung der Durchführbarkeit
   f) Ernennung des Projektleiters/der Projektleiterin
   g) Projektauftrag
   h) Zusammenstellung des Projektteams
   i) Regeln, Ressourcen und Informationswege klären
   j) Kick-off-Meeting
8. Beurteilen Sie die von Tamara vor ihrem Ausfall formulierten Projektziele.

Teilziel	Projektziel	Beurteilung	ggf. Verbesserungsvorschlag
TZ 1	Das Warenwirtschaftssystem ist möglichst schnell im Unternehmen zu installieren.		
TZ 2	Das Warenwirtschaftssystem soll innerhalb mehrerer Wochen nach der Installation funktionieren.		
TZ 3	Das installierte Warenwirtschaftssystem soll nach der Installation große Rationalisierungsvorteile bringen.		
TZ 4	Das Warenwirtschaftssystem verursacht nur geringe laufende Kosten.		
TZ 5	Die Mitarbeitenden sollen mit dem neuen Programm zufrieden sein.		

9. Sebastian überfliegt die handschriftlichen Aufzeichnungen von Tamara zum Ablauf der Kick-off-Sitzung.

Projektleiter: Herr Sternecker
Was soll ich machen: Einladung zu Projektteam-Sitzung
Was soll dort passieren?
Herr Sternecker:
Begrüßung (10 min); Vorstellung der Projektleitung (5 min); Vorstellung Projektziel (20 min);
Dann Team:
Vorstellung Projektmitarbeitende (25 min); Rollenverteilung (20 min); Erarbeitung der Projektregeln (20 min); Absprache: Termine und Vorgehen (20 min);

Wie lange: 2 Stunden. Beginn 14:00 Uhr
Thema: Kick-off-Sitzung
Wann: 08.01.

Wer?
Einkauf: Frau Besten
Verwaltung: Herr Neitzerr
Logistik: Herr Kache
Verkauf: Frau Eisenberg
Ich
Rechnungswesen: Frau Tegtmeyer

Wo?
Zentrale, Raum 20

Erstellen Sie eine Einladung zur Kick-off-Sitzung.

Thema der Sitzung:		
Projektleiter:		
Projektbezeichnung:		
Teilnehmende	Abteilung	
Zeit:	Datum:	Ort:

Tagesordnung	Zuständig	Zeit/min

Erweiterung der Handlungssituation

Herr Sternecker: „Hallo, Herr Holpert, Sie waren ja gestern wegen Ihres Berufsschultages verhindert, an der Projektteamsitzung teilzunehmen. Ich möchte Sie über die Ergebnisse der Sitzung informieren. Die Projektphase ist erfolgreich gestartet worden. Seit gestern läuft die Projektplanungsphase. Wir haben schon begonnen, die Arbeitspakete zu identifizieren. Jetzt müssen wir diese in einem Projektstrukturplan darstellen. Das könnten Sie ja mal übernehmen ..."

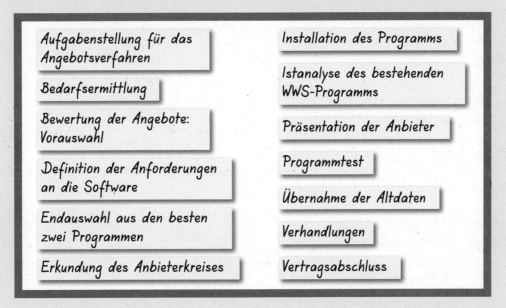

Handlungsaufgaben

10. Ergänzen Sie die folgende Aufzählung des idealtypischen Ablaufs der Projektplanungsphase mit kurzen Erläuterungen.
    a) Identifikation und Beschreibung von Arbeitspaketen
    b) Erstellen des Projektstrukturplans
    c) Planung des Projektablaufs
    d) Visualisierung des Projektablaufs
    e) Ressourcenplanung
    f) Kostenkalkulation
    g) Qualitätsplanung

11. Ordnen Sie die auf den Karten festgehaltenen Arbeitspakete den einzelnen Teilprojekten zu und erstellen Sie so einen Projektstrukturplan.

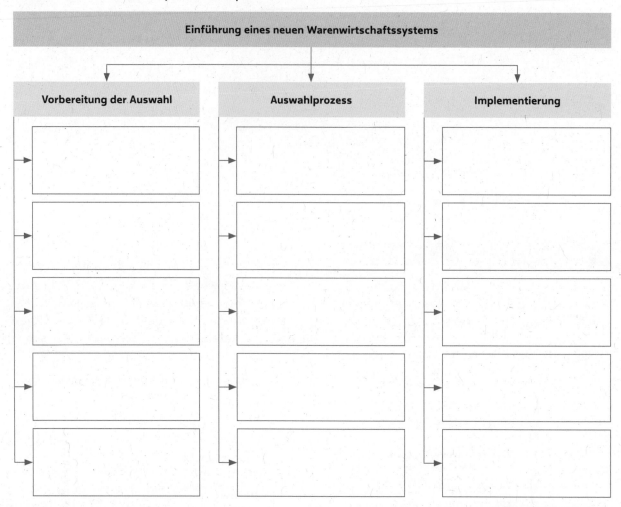

12. Das Projektteam hat aus einer Vielzahl von Programmen zwei für das Unternehmen passende Warenwirtschaftssysteme ausgesucht. Über das weitere Vorgehen im Projekt gibt die folgende Vorgangsliste Auskunft:

Vorgang (Nummer)	Vorgang (Bezeichnung)	Dauer (in Tagen)	Unmittelbarer Vorgänger
1	Entscheidung durch Geschäftsführung und Abteilungs-leitungskonferenz	8	–
2	Bestellung und Lieferung	9	1
3	Einweisung des gesamten Projektteams durch die Softwarefirma	4	1
4	Anpassung der alten Datenbestände an das neue System im Rahmen der Testinstallation	10	2
5	Erarbeitung eines Schulungskonzepts	3	3
6	Installation des Warenwirtschaftssystems an allen Arbeitsplätzen	6	2/5
7	Schulung der Mitarbeitenden	5	5
8	Testlauf	2	4/6
9	Freigabe: Es kann mit dem neuen System gearbeitet werden	1	7/8

a) Stellen Sie den weiteren Projektverlauf in Form eines Balkendiagramms dar.

Vorgang (Nummer)	1	2	3	4	5	6	7	8	9	10	11	12	13	14	15	16	17	18	19	20	21	22	23	24	25	26	27	28	29	30
1																														
2																														
3																														
4																														
5																														
6																														
7																														
8																														
9																														

b) Führen Sie für den weiteren Projektverlauf die Zeitplanung mithilfe eines Netzplans durch.
c) Geben Sie an, welche Bedeutung ein kritischer Weg in einem Netzplan hat, und bestimmen Sie ihn für den obigen Netzplan.
d) Führen Sie auf, welche Unterschiede zwischen Netzplan und Balkendiagramm bestehen.

Erweiterung der Handlungssituation

Ein paar Wochen später. Das Projekt befindet sich mittlerweile in der Durchführungsphase.

Herr Sternecker:: „Herr Holpert, können Sie sich bitte mal diesen Ausschnitt aus dem Projektstatusbericht anschauen? Falls etwas auffällig ist, machen Sie einen Vorschlag, welche Maßnahmen wir ergreifen sollen."

Arbeitspaket 1:
Bedarfsermittlung

	planmäßig	abweichend	kritisch	Bemerkungen
Termine	X			
Kosten	X			
Qualität	X			

Arbeitspaket 2:
Definition der Anforderungen an die Software

	planmäßig	abweichend	kritisch	Bemerkungen
Termine			X	
Kosten		X		
Qualität	X			

Arbeitspaket 3: Aufgabenstellung für das Angebotsverfahren				
	planmäßig	abweichend	kritisch	Bemerkungen
Termine			X	
Kosten			X	
Qualität	X			

13. Beurteilen Sie den Ausschnitt aus dem Projektstatusbericht.
14. Führen Sie Maßnahmen auf, die bei Termin- und Kostenüberschreitungen ergriffen werden können.
15. Erläutern Sie kurz die Hilfsmittel des Projektmanagements in der Phase der Projektdurchführung:
    a) meilensteinorientierte Fortschrittsmessung
    b) Projektstatusbericht
    c) Projektdokumentation

Erweiterung der Handlungssituation

Herr Sternecker: „Herr Holpert, Sie haben ja mal wieder Berufsschultag gehabt. Seit gestern läuft die Projektabschlussphase. Wir sind dabei, den Projektabschlussbericht vorzubereiten. Ich habe hier die handschriftlichen Aufzeichnungen. Wir haben uns Gedanken über die Gliederung gemacht. Die Angaben müssen aber noch in die richtige Form gebracht werden."

Bestandteil des Projektabschlussberichts	Reihenfolge	Gliederungsnummer
Ausblick		
Abweichungen vom geplanten Vorgehen		
Arbeitspakete und Prüfsteine		
Behandlung der Abweichungen		
Dank an das Projektteam		
Einleitung		
Ergebnisse aus Arbeitspaket 1		
Ergebnisse aus Arbeitspaket 2		
Erreichen des Projektziels 1		
Erreichen des Projektziels 2		
Evaluation		
Evaluation der Vorgehensweise		
Evaluation der Projektergebnisse		
Frage- und Aufgabenstellung		
Gegenstand und Motivation		
Geplantes Vorgehen		
Kosten		

Bestandteil des Projektabschlussberichts	Reihenfolge	Gliederungsnummer
Netzplan		
Problemstellung		
Termine		
Überblick		
Weitere Ressourcen		
Zielsetzung		
Zielsetzung		
Abnahmeprotokoll		
Abstract (Zusammenfassung)		
Anhang		
Ergebnisse		
Erhebungsbögen		
Übergabeprotokoll		

Handlungsaufgaben

16. Legen Sie in der Tabelle der erweiterten Handlungssituation die Reihenfolge der Gliederungspunkte fest und ordnen Sie jeweils die entsprechende Gliederungsnummer zu.
17. Erläutern Sie kurz die Teilschritte der Projektabschlussphase:
    a) Projektabnahme
    b) Evaluation des Projekts
    c) Projektabschlussbericht
    d) Interne Deorganisation

1. Ergänzen Sie in der unten stehenden Mindmap die folgenden Begriffe:

> *Merkmale – Projektplanung – Netzplan – Projektstart – Projektauftraggeber – Dokumentation – Kick-off-Sitzung – Projektdurchführung – Meilensteine – Projektleitung – Balkendiagramm – Projektmitarbeitende – Qualitätsrisiko – Projektabschluss – Kostenrisiko – Arbeitspaket – Projektcoach – Terminrisiko*

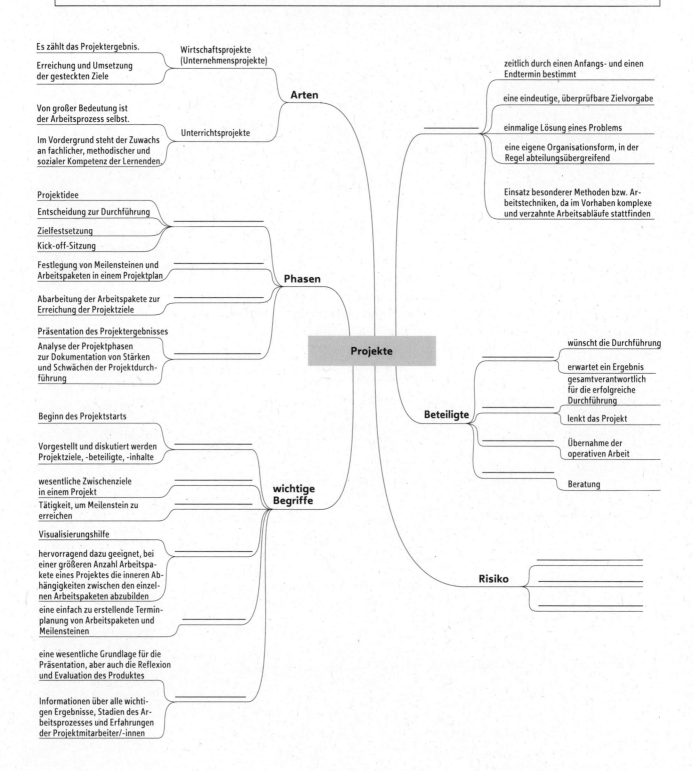

Es zählt das Projektergebnis.

Erreichung und Umsetzung der gesteckten Ziele

Wirtschaftsprojekte (Unternehmensprojekte)

Von großer Bedeutung ist der Arbeitsprozess selbst.

Im Vordergrund steht der Zuwachs an fachlicher, methodischer und sozialer Kompetenz der Lernenden.

Unterrichtsprojekte

Arten

zeitlich durch einen Anfangs- und einen Endtermin bestimmt

eine eindeutige, überprüfbare Zielvorgabe

einmalige Lösung eines Problems

eine eigene Organisationsform, in der Regel abteilungsübergreifend

Einsatz besonderer Methoden bzw. Arbeitstechniken, da im Vorhaben komplexe und verzahnte Arbeitsabläufe stattfinden

Projektidee

Entscheidung zur Durchführung

Zielfestsetzung

Kick-off-Sitzung

Festlegung von Meilensteinen und Arbeitspaketen in einem Projektplan

Abarbeitung der Arbeitspakete zur Erreichung der Projektziele

Präsentation des Projektergebnisses

Analyse der Projektphasen zur Dokumentation von Stärken und Schwächen der Projektdurchführung

Phasen

Projekte

wünscht die Durchführung

erwartet ein Ergebnis

gesamtverantwortlich für die erfolgreiche Durchführung

lenkt das Projekt

Übernahme der operativen Arbeit

Beratung

Beteiligte

Beginn des Projektstarts

Vorgestellt und diskutiert werden Projektziele, -beteiligte, -inhalte

wesentliche Zwischenziele in einem Projekt

Tätigkeit, um Meilenstein zu erreichen

Visualisierungshilfe

hervorragend dazu geeignet, bei einer größeren Anzahl Arbeitspakete eines Projektes die inneren Abhängigkeiten zwischen den einzelnen Arbeitspaketen abzubilden

eine einfach zu erstellende Terminplanung von Arbeitspaketen und Meilensteinen

wichtige Begriffe

eine wesentliche Grundlage für die Präsentation, aber auch die Reflexion und Evaluation des Produktes

Informationen über alle wichtigen Ergebnisse, Stadien des Arbeitsprozesses und Erfahrungen der Projektmitarbeiter/-innen

Risiko

2. Unten sehen Sie einen Ausschnitt aus dem Netzplan „Errichtung eines Lagergebäudes". Der Ausschnitt ist jedoch unvollständig. Fügen Sie die fehlenden Zahlen oder Elemente hinzu.

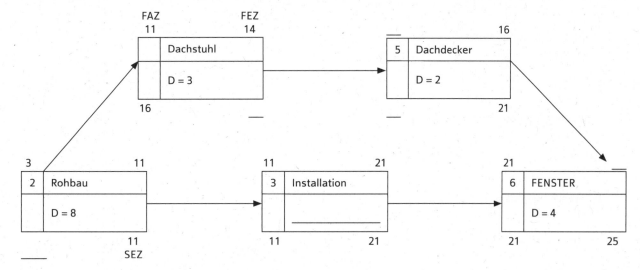

3.2 Wir führen ein eigenes Projekt in der Schule durch

Handlungssituation

Bisher konnten Sie immer an dieser Stelle lesen, wie die Auszubildenden und Praktikanten in den Handlungssituationen betriebliche Aufgaben lösten.

Nun sind Sie gefordert: Ihre gesamte Klasse und/oder Ihre Arbeitsgruppe soll selbst ein berufsspezifisches Projekt durchführen. Wenn Sie die folgenden Handlungsaufgaben bearbeiten, stellen Sie sicher, dass Sie in jeder Phase des Projekts strukturiert und zielgerichtet vorgehen: Die Handlungsaufgaben sind als Hilfestellung für Ihr Projekt gedacht.

Handlungsaufgaben

1. Notieren Sie die Projektidee.
2. Formulieren Sie das durch das Projekt zu lösende Problem.
3. Klären Sie, welche Ursachen möglicherweise zu dem durch das Projekt zu lösenden Problem führten.
4. Halten Sie in Stichworten die detaillierten Anforderungen des Auftraggebers (Ihrer Lehrerin/Ihres Lehrers) fest.
5. Formulieren Sie klare und eindeutige Ziele Ihres Projekts.
6. Skizzieren Sie ein grobes Lösungskonzept.
7. Halten Sie fest, welche Regeln im Projekt gelten.
8. Klären Sie, welche Ressourcen Sie im Projekt benötigen.
9. Überprüfen Sie, ob Sie alle Teilschritte der Projektstartphase erfüllt haben. Ist ein Teilschritt erledigt, kennzeichnen Sie dies in der entsprechenden Spalte.
   Halten Sie Besonderheiten in der Spalte „Bemerkungen" fest.

Teilschritt der Projektstartphase	Erledigt?	Bemerkungen
Untersuchung des Problems		
Untersuchung der Vorgaben des Auftraggebers		
Formulierung der Projektziele		
Skizzierung einer möglichen Problemlösung		
Prüfung der Durchführbarkeit		
Ernennung der Projektleitung		
Projektauftrag		
Zusammenstellung des Projektteams		
Regeln, Ressourcen und Informationswege klären		
Kick-off-Meeting		

10. Sie beginnen jetzt mit der Projektplanungsphase. Gewinnen Sie einen Überblick über die im Projekt zu erledigenden Aufgaben und erstellen Sie als Ergebnis einen Projektstrukturplan für Ihr Projekt.
11. Planen Sie den Projektablauf. Visualisieren Sie diesen als Balkendiagramm oder Netzplan.
12. Klären Sie, welche Ressourcen Sie im Projekt benötigen.
13. Legen Sie fest, welche Qualitätsmaßstäbe für Ihre Projektarbeit und Ihr Projektergebnis gelten sollen. (Ab wann kann man diese z. B. als ausreichend oder sehr gut bezeichnen?)
14. Überprüfen Sie, ob Sie alle Teilschritte der Projektplanungsphase erfüllt haben. Ist ein Teilschritt erledigt, kennzeichnen Sie dies in der entsprechenden Spalte.
    Halten Sie Besonderheiten in der Spalte „Bemerkungen" fest.

Teilschritt der Projektplanungs- phase	Erledigt?	Bemerkungen
Identifikation und Beschreibung von Arbeitspaketen		
Erstellen des Projektstrukturplans		
Planung des Projektablaufs		
Visualisierung des Projektablaufs		
Ressourcenplanung		
Kostenkalkulation		
Qualitätsplanung		

15. Eine wichtige Tätigkeit während der Phase „Projektdurchführung" ist die Dokumentation. Diese gibt Auskunft über
    - den aktuellen Stand des Projekts,
    - die Entwicklung des Projekts,
    - die noch unerledigten Projekttätigkeiten.

    Legen Sie zur Dokumentation einen Projektordner entweder in elektronischer oder in Papierform an. Machen Sie hier einen Vorschlag für einen möglichen Inhalt des Projektordners.

16. Informieren Sie Ihre Lehrerin/Ihren Lehrer während der Projektdurchführung viermal über den Status des Projekts. Lassen Sie sich dieses mit Unterschrift in der folgenden Tabelle bestätigen. Versuchen Sie mit Ihrer Lehrerin/Ihrem Lehrer bei Schwierigkeiten eine Problemlösung zu finden.

Datum des Projektstatus-berichts	Unterschrift	Bemerkungen (z. B. Vorschlag zur Problemlösung)

17. Überprüfen Sie, ob Sie alle Hilfsmittel der Projektdurchführungsphase angewendet haben. Kennzeichnen Sie dies in der entsprechenden Spalte.
    Halten Sie Besonderheiten in der Spalte „Bemerkungen" fest.

Hilfsmittel in der Projekt-durchführungsphase	Angewendet?	Bemerkungen
Meilensteinorientierte Fortschrittsmessung		
Projektstatusbericht		
Projektdokumentation		

18. Lassen Sie zu Beginn der Projektabschlussphase von Ihrer Lehrerin/Ihrem Lehrer eine Projekt-abnahme vornehmen. Durch ihre/seine Unterschrift wird das Erbringen der Leistung bestätigt.

19. Im Rahmen der Evaluation des Projekts wird (als Vorbereitung für einen Projektabschlussbericht) zunächst einmal die Zielerreichung überprüft. Klären Sie, inwieweit Sie die in Handlungsaufgabe 5 formulierten Projektziele erreicht haben.

20. Weiterhin wird bei der Evaluation des Projekts ein Blick auf die Projektqualität geworfen. Bewerten Sie die Projektarbeit.

21. Überprüfen Sie, ob Sie alle Teilschritte der Projektabschlussphase erfüllt haben. Ist ein Teilschritt erledigt, kennzeichnen Sie dies in der entsprechenden Spalte.
Halten Sie Besonderheiten in der Spalte „Bemerkungen" fest.

Teilschritt der Projekt-abschlussphase	Erledigt?	Bemerkungen
Projektabnahme		
Evaluation des Projekts		
Projektabschlussbericht		
Interne Deorganisation		

Vertiefungs- und Anwendungsaufgaben

1. Geben Sie an, warum es zur Entwicklung des agilen Projektmanagements kam.
1. Führen Sie Merkmale des agilen Projektmanagements auf.

4 Wertschöpfung und Leistungserstellung

4.1 Wir unterscheiden betriebliche und volkswirtschaftliche Produktionsfaktoren unter Beachtung ökonomischer Prinzipien

Handlungssituation

Die Hoffmann KG konnte in den letzten Jahren ihren Umsatz im Fahrradsegment deutlich steigern. Durch Produkterneuerungen und -erweiterungen wurden neue Märkte erschlossen.

Daher planen die Kommanditisten Frau Hahne und Herr Hoffmann den Kauf eines Grundstücks in einem Industriegebiet in Frankfurt, um den gestiegenen Absatz nach Fahrrädern bewältigen zu können.

Frau Hahne und Herr Hoffmann möchten zunächst analysieren, welche **volkswirtschaftlichen Produktionsfaktoren** notwendig sind, damit das neue Gebäude errichtet werden kann. Hier benötigen die beiden Beispiele, um die Notwendigkeit des Neubaus usw. vor den Abteilungsleitungen besser zu veranschaulichen.

Des Weiteren ist ihnen auch wichtig zu erkennen, welche **betriebswirtschaftlichen Produktionsfaktoren** später bei der Fahrradproduktion benötigt werden. Dabei legen sie sehr viel Wert darauf, dass die Anschaffungen der verschiedenen Produktionsfaktoren unter Beachtung der **ökonomischen Prinzipien** durchgeführt werden.

Frau Hahne beauftragt daher Praktikantin Katarzyna Popov und Praktikant Volkan Karaca damit, die Unterschiede der verschiedenen Produktionsfaktoren herauszustellen und die ökonomischen Prinzipien beim Erwerb von Produktionsfaktoren an verschiedenen Beispielen anzuwenden. So können Frau Hahne und Herr Hoffmann dann in der geplanten Konferenz mit den Abteilungsleitungen die geplante Investition besser veranschaulichen.

Handlungsaufgaben

1. Katarzyna und Volkan beschäftigen sich im ersten Schritt mit dem komplexen Begriff „Produktionsfaktoren".
   a) Unter den volkswirtschaftlichen Produktionsfaktoren gibt es originäre (ursprüngliche) und derivative (abgeleitete) Produktionsfaktoren. Erklären Sie, was Sie unter diesen beiden Begriffen verstehen.
   b) Erstellen Sie eine Liste mit sechs volkswirtschaftlichen Produktionsfaktoren, die für die Errichtung eines Produktions- und Lagergebäudes bei der Hoffmann KG notwendig sind. Nehmen Sie hier auch eine Zuordnung der unterschiedlichen Arten von Produktionsfaktoren vor.

Produktionsfaktor	Art des Produktionsfaktors

c) Erstellen Sie eine Liste mit sechs betriebswirtschaftlichen Produktionsfaktoren, die für die Herstellung von Fahrrädern bei der Hoffmann KG notwendig sind. Nehmen Sie hier auch eine Zuordnung der unterschiedlichen Arten von Produktionsfaktoren vor.

Produktionsfaktor	Art des Produktionsfaktors

2. Katarzyna und Volkan sollen nun auf Basis der beiden Listen aus Aufgabe 1b (volkswirtschaftliche Produktionsfaktoren) und 1c (betriebswirtschaftliche Produktionsfaktoren) an Beispielen Ideen entwickeln, wie die Hoffmann KG mit diesen ausgewählten Produktionsfaktoren nach Maßgabe der ökonomischen Prinzipien umgehen sollte.
   a) Erläutern Sie das Minimalprinzip und das Maximalprinzip.
   b) Entwickeln Sie anhand der in Aufgabe 1b und 1c aufgestellten Produktionsfaktoren insgesamt acht Möglichkeiten/Beispiele, wie die Hoffmann KG die Produktionsfaktoren
   I. nach dem Minimalprinzip und
   II. nach dem Maximalprinzip
   einsetzen können (z. B. beim Einkauf).

Produktionsfaktor	Minimalprinzip	Maximalprinzip

Produktionsfaktor	Minimalprinzip	Maximalprinzip

Vertiefungs- und Anwendungsaufgaben

1. Begründen Sie, warum in der wissenschaftlichen Literatur häufig die Bildung als vierter derivativer Produktionsfaktor aufgenommen worden ist.

2. Bei der Hoffmann KG werden verschiedene Produktionsfaktoren eingesetzt, die nachfolgend dargestellt sind:

Ziffer	Produktionsfaktor
1	die neue Produktionshalle
2	ein langfristig aufgenommenes Darlehen
3	Schmierstoffe für die Produktionsmaschinen
4	die Tätigkeit der Auszubildenden Katarzyna und Volkan
5	das Einräumen eines Zahlungsziels für den Kunden Meyermann
6	die Tätigkeit des Verkaufsleiters
7	die Tätigkeit des Auslieferungsfahrers

Ordnen Sie zu, indem Sie die Ziffern von 3 der insgesamt 7 Beispiele für Produktionsfaktoren in die Kästchen der folgenden Tabelle zu den betriebswirtschaftlichen Produktionsfaktoren der Hoffmann KG eintragen.

Ziffer	betriebswirtschaftlichen Produktionsfaktoren
	Betriebsmittel
	Werkstoffe
	dispositive Arbeit

3. Katarzyna soll den betriebswirtschaftlichen Produktionsfaktor „Betriebsmittel" einer der fünf Angaben zur Produktion in der Hoffmann KG zuordnen.
   Helfen Sie ihr, indem Sie den richtigen Begriff ankreuzen.

a) Rahmen für die Fahrradherstellung
b) Produktionsmaschinen
c) Stoffe für den Textilgroßhandel
d) fertige Fahrräder für den Verkauf
e) Strom für die Fahrradherstellung

4. Ein Kunde der Hoffmann KG bestellt 100 Fahrräder. Frau Song als Mitarbeiterin der Abteilung Verkauf vereinbart mit dem Kunden für diesen Auftrag einen Festpreis von 50.000,00 €.
   Kreuzen Sie an, mit welcher Handlungsweise die Hoffmann KG nach dem Minimalprinzip handelt.

a) Wenn aus 100 kg Stahl möglichst viele Fahrradrahmen hergestellt werden.
b) Wenn sich bei der Fertigung dieser 100 Fahrräder die Ausschussquote leicht erhöht.
c) Wenn durch den geringstmöglichen Maschinenstillstand möglichst viele Fahrräder hergestellt werden.
d) Wenn zur Fertigung dieser 100 Fahrräder möglichst wenig Arbeitskräfte benötigt werden.
e) Wenn durch den geringstmöglichen Stromverbrauch möglichst viele Fahrräder hergestellt werden.

5. Kreuzen Sie an, in welchem Fall Herr Staub, Abteilungsleiter Verkauf der Hoffmann KG, nach dem Minimalprinzip handelt.

a) Herr Staub bestellt einen neuen PC beim preisgünstigsten Anbieter.
b) Herr Staub setzt den Preis der Ware sehr hoch an.
c) Herr Staub strebt in diesem Monat bei gleicher Kostenvorgabe mindestens 5 % mehr Umsatz an.
d) Herr Staub gewährt eine kostenlose Serviceleistung.
e) Herr Staub will möglichst viele Kundinnen und Kunden gewinnen.

6. Kreuzen Sie an, in welchem Fall die Hoffmann KG nach dem ökonomischen Prinzip als Maximalprinzip handelt.

a) Wenn die Hoffmann KG zur Fertigung von 100 Fahrrädern möglichst wenig Material verbraucht.
b) Wenn die Hoffmann KG aus 100 kg Stahl möglichst viele Fahrradrahmen herstellt.
c) Wenn die Hoffmann KG mit möglichst wenig Energie möglichst viele Fahrräder herstellt.
d) Wenn die Hoffmann KG durch eine erhebliche Preissenkung den Umsatz für Fahrräder steigert.
e) Wenn die Hoffmann KG einen maximalen Werbeerfolg mit minimalem Werbeaufwand anstrebt.

4.2 Wir grenzen neutrale Aufwendungen und Erträge von den Kosten und Leistungen ab

Handlungssituation

Anne Schulte wird als Auszubildende auch in der von der Hoffmann KG übernommenen Fairtext GmbH eingesetzt. Dort unterstützt sie Frau Jonas, die Abteilungsleiterin Rechnungswesen, bei der Erledigung verschiedener Aufgaben im Bereich der Buchführung und der Kosten- und Leistungsrechnung. Heute hat sie gerade die Gewinn- und Verlustrechnung (GuV) des Jahres 20.. der Fairtext GmbH erstellt. Stolz präsentiert Anne Frau Jonas ihre Ergebnisse:

Soll		Gewinn- und Verlustkonto	Haben
7600 außerord. Aufwendungen	200.000,00 €	5500 Erträge aus Beteiligungen	340.000,00 €
7510 Zinsaufwendungen	29.380,00 €	5710 Zinserträge	8.400,00 €
6080 Aufwendungen f. Waren	16.000.000,00 €	5100 Umsatzerlöse f. Waren	25.000.000,00 €
6300 Gehälter	2.800.000,00 €		
6700 Mieten	900.000,00 €		
7700 Gewerbesteuer	180.000,00 €		
6040 Aufw. f. Verpackungsmaterial	270.000,00 €		
6050 Aufw. f. Energie u. Treibst.	300.000,00 €		
6870 Werbung	665.000,00 €		
6160 Fremdinstandhaltung	939.600,00 €		
6800 Allg. Aufw. f. Kommunikation	940.000,00 €		
6520 Abschreibungen	210.000,00 €		
Jahresüberschuss (EK)	1.914.420,00 €		
	25.348.400,00 €		25.348.400,00 €

Frau Jonas: „Sehr schön, Frau Schulte. Das sieht gut aus, damit können wir einen Jahresüberschuss ausweisen. Was wir aber noch ermitteln müssen, ist der Erfolg unserer betrieblichen Tätigkeit."

Anne: „Gehören die Positionen der GuV denn nicht alle zu den betrieblichen Tätigkeiten?"

Frau Jonas: „Nein. Mittels der Kosten- und Leistungsrechnung werden in einer rein betriebsbezogenen Sichtweise nur die betrieblichen Tätigkeiten genauer untersucht. Es gibt beispielsweise einen Unterschied zwischen Aufwendungen und Kosten sowie zwischen Erträgen und Leistungen. Diese müssen getrennt aufgestellt werden."

Anne: „Und wie funktioniert diese Aufstellung?"

Frau Jonas: „Es wird zwischen zwei Rechnungskreisen unterschieden. Mithilfe der Abgrenzungsrechnung werden dann die Kosten und Leistungen nach Kosten- und Leistungsarten gegliedert und das Betriebsergebnis sowie das betriebsneutrale Ergebnis ausgewiesen."

Anne: „Kosten, Leistungen, Kostenarten, Rechnungskreise. Das sind viele neue Begriffe."

Frau Jonas: „Das werden wir jetzt Schritt für Schritt erarbeiten. Erst einmal werden wir die allgemeinen Ziele der Kosten- und Leistungsrechnung herausarbeiten, dann die betrieblichen und betriebsneutralen Ergebnisse bestimmen und abschließend eine Übersicht zu den Bereichen der Kosten- und Leistungsrechnung erstellen."

1. Anne soll sich zunächst einmal grundlegend mit der Kosten- und Leistungsrechnung (KLR) auseinandersetzen. Dabei soll sie auch zwischen den beiden Rechnungskreisen I und II unterscheiden.
   a) Erklären Sie mit eigenen Worten, was unter der KLR zu verstehen ist und warum sie durchgeführt wird.
   b) Setzen Sie in die Lücken der nachfolgende Tabelle die unten stehenden Begriffe zu Erläuterungen der Finanzbuchführung (Rechnungskreis I) und der Kosten- und Leistungsrechnung (Rechnungskreis II) ein.

FINANZBUCHFÜHRUNG Rechnungskreis I	KOSTEN- und LEISTUNGSRECHNUNG Rechnungskreis II
– ist eine _____ Rechnung, die überwiegend die finanzielle Beziehung zwischen dem Unternehmen und der Außenwelt erfasst; – ist eine _____ Rechnung; – Gegenüberstellung aller Aufwendungen und Erträge unabhängig von ihrem Entstehungsgrund in der GuV	– ist eine _____ Rechnung; – ist eine _____ Rechnung, die nur die Erträge (_____) und Aufwendungen (_____) erfasst, die mit dem eigentlichen Betriebszweck im Zusammenhang stehen; – Grundlage der Berechnung sind die Ergebnisse der GuV
– unterliegt _____ Vorschriften wie dem HGB, EStG, UStG usw.	– unterliegen _____ gesetzlichen Vorschriften.
Ziel: Ermittlung des _____ der Unternehmung Erträge > Aufwendungen = Gesamtgewinn	Ziel: Ermittlung des _____ Leistungen > Kosten = Betriebsgewinn
Begriffe: gesetzlichen, Kosten, externe, Betriebsergebnisses, keinen, betriebsbezogene, unternehmensbezogene, Gesamtergebnisses, Leistungen, interne	

2. Frau Jonas legt Anne nun noch einmal die erstellte GuV vor: „Es ist wichtig, dass wir aus der Gewinn-und-Verlust-Rechnung die Kosten und die Leistungen unseres Unternehmens erkennen."
   a) Erklären Sie, worin sich die Kosten von Aufwendungen und die Leistungen von Erträgen unterscheiden.
   b) Um die neutralen Aufwendungen und Erträge von den Kosten und Leistungen übersichtlich abgrenzen zu können, verwendet die Fairtext GmbH eine Ergebnistabelle (vgl. nächste Seite). Hierbei werden links die Zahlen der Finanzbuchhaltung des Rechnungskreises I eingetragen. Diese Werte kommen aus der GuV. Rechts werden die Werte der Kosten- und Leistungsrechnung (Rechnungskreis II) eingetragen.
   Bei der Erstellung dieser Ergebnistabelle soll Anne folgende Erläuterungen beachten:
   Der Rechnungskreis II ist in drei Teile aufgeteilt:
   – Unternehmensbezogene Abgrenzung:
     Darstellung der neutralen Aufwendungen und Erträge
   – Kostenrechnerische Abgrenzung:
     Darstellung von möglichen Abweichungen zwischen den Zahlen aus der Finanzbuchhaltung und den Zahlen aus der Kosten- und Leistungsrechnung (z.B. kalkulatorische Kosten)
     Berechnung des neutralen Ergebnisses aus den beiden Teilergebnissen
   – Zahlen der Kosten- und Leistungsrechnung:
     Darstellung des Betriebsergebnisses (mit Kosten und Leistungen)
   Erstellen Sie eine Ergebnistabelle zu den Rechnungskreisen I und II für die Fairtext GmbH unter Berücksichtigung der GuV und der unter der Ergebnistabelle stehenden Zusatzangaben.

	Rechnungskreis I		Rechnungskreis II				KLR-Bereich	
	Erfolgsbereich		Abgrenzungsbereich					
	Zahlen der Finanzbuchhaltung		Unternehmensbezogene Abgrenzung		Kostenrechnerische Abgrenzung		Zahlen der Kosten- und Leistungsrechnung	
Kto.-Nr.	Aufwendungen	Erträge	Neutrale Aufwendungen	Neutrale Erträge	Aufwendungen lt. FIBU	Verrechnete Kosten	Kosten	Leistungen
5500 Erträge aus Beteiligungen								
5710 Zinserträge								
5100 Umsatzerl. f. Waren								
7600 a. o. Aufwendungen								
7510 Zinsaufwendungen								
6080 Aufw. f. Waren								
6300 Gehälter								
6700 Mieten								
7700 Gewerbesteuer								
6040 Aufw. f. Verpackungsmat.								
6050 Aufw. f. Energie u. Treibst.								
6870 Werbung								
6160 Fremdinstandhaltung								
6800 Allg. Aufw. f. Kommunikation								
6520 + 6570 Abschreibungen								
kalk. Unternehmerlohn								
Saldo								

Anmerkungen:
6520 Abschreibungen: Es wurden kalkulatorische Abschreibungen auf 210.000,00 € angesetzt; **6160 Fremdinstandhaltung:** 39.600,00 € für Reparaturen an den vermieteten Räumen. Rest: Zweckaufwand; **6800 Allg. Aufw. f. Kommunikation:** 36.000,00 € an Spenden. Rest: Zweckaufwand; **6570 Abschreib. auf Forderungen:** kalkulatorisch wurden 250.000,00 € angesetzt; **7700 Steuern:** für vermietete Gebäude 12.000,00 €. Rest: Zweckaufwand; **7510 Zinsaufwand:** Es wurden kalkul. Zinsen in Höhe von 35.000,00 € angesetzt; kalkulatorischer Unternehmerlohn 180.000,00 €

   c) Nachdem Anne nun die Ergebnistabelle erstellt hat, soll sie die Ergebnisse interpretieren. Erläutern Sie, was die verschiedenen errechneten Salden bedeuten.

3. Frau Jonas erklärt Anne, dass es in der Kostenrechnung drei Bereiche gibt. Dies sind die Kostenartenrechnung, die Kostenstellenrechnung und die Kostenträgerrechnung.

   Erstellen Sie ein Übersichtsblatt (siehe d) auf der Folgeseite) unter Berücksichtigung folgender Aufgabenstellungen:

   a) Kostenartenrechnung: Finden Sie Beispiele zu den Kostenarten, gegliedert nach Entstehungsursache, nach kalkulatorischer Verrechenbarkeit und nach ihrem Verhalten. Erläutern Sie des Weiteren kurz die Begriffe der Ist-Kosten, Normal-Kosten und Plan-Kosten.

   b) Kostenstellenrechnung: Erläutern Sie kurz die Aufgaben der Kostenstellenrechnung. Finden Sie jeweils mehrere Beispiele für die Kostenstellen Einkaufsstellen, Lager, Vertriebsstellen und Verwaltungsstellen.

   c) Kostenträgerrechnung: Erläutern Sie kurz, was Kostenträger allgemein sind, und finden Sie hier Beispiele. Erläutern Sie zudem kurz die Kostenträgerzeitrechnung und die Kostenträgerstückrechnung.

KOSTENRECHNUNG

d)

Kostenartenrechnung welche Kosten?

- nach Entstehungsursache

- nach kalk. Verrechenbarkeit

- nach ihrem Verhalten bei schwankendem Beschäftigungsgrad

- nach ihrer Ermittlung
  Istkosten
  Normalkosten
  Plankosten

Kostenstellenrechnung wo verursacht?

Aufgabe:

- Einkaufsstellen
- Lager
- Vertriebsstellen
- Verwaltungsstellen

Kostenträgerrechnung für welche Leistungen?

- Bildung der Kostenträger

- Als Kostenträger können

  gebildet werden

- Zuordnung der Kosten
  Kostenträgerzeitrechnung

  Kostenträgerstückrechnung

1. Begründen Sie, warum eine Kostenrechnung, die auf Istkosten basiert, für zukünftige Kalkulationen wie z. B. eine Kalkulation von Angebotspreisen relativ ungeeignet ist.

2. Bei der Fairtext GmbH soll in Bezug auf die kalkulatorische Berechenbarkeit zwischen Einzelkosten und Gemeinkosten unterschieden werden. Es sind folgende Angaben aus der Buchhaltung bekannt:
   - Warenbezugskosten   3.240,00 €
   - Miete für das Zentrallager   3.000,00 €
   - Ausbildungsvergütung für Auszubildende   4.500,00 €
   - Vorsteuer   1.890,00 €
   - Abschreibungen auf das betriebseigene Auslieferungslager 6.000,00 €
   a) Erläutern Sie den Unterschied zwischen Einzelkosten und Gemeinkosten.
   b) Berechnen Sie die Einzelkosten.

3. Die Kostenrechnung der Fairtext GmbH ergibt für einen Auftrag über 1 000 Stück folgende Zahlen:
   - Wareneinsatz für 1 000 Stück: 12.000,00 €
   - Variable Handlungskosten je Stück: 2,00 €
   - Fixe Kosten für diesen Auftrag: 4.000,00 €
   Berechnen Sie die (Selbst-)Kosten je Stück.

4. Kreuzen Sie an, welcher betriebliche Aufwand in der Kalkulation zu den direkt zurechenbaren Kosten gehört.

a)	Renovierungskosten des Bürogebäudes
b)	auf der Ware lastende Umsatzsteuer
c)	Bezugskosten für die eingekauften Waren
d)	Miete für das Lager
e)	Löhne der Lagerarbeitskräft

5. Kreuzen Sie an, wie sich fixe Gesamtkostenanteile der Fairtext GmbH bei Änderung des Beschäftigungsgrades (Kapazitätsauslastung) auf die Stückkosten auswirken.

a)	Mit steigendem Beschäftigungsgrad bleibt der Fixkostenanteil, den der einzelne Artikel zu tragen hat, konstant.
b)	Mit steigendem Beschäftigungsgrad steigt der Fixkostenanteil, den der einzelne Artikel zu tragen hat.
c)	Mit fallendem Beschäftigungsgrad verringert sich der Fixkostenanteil, den der einzelne Artikel zu tragen hat.
d)	Mit fallendem Beschäftigungsgrad steigt der Fixkostenanteil, den der einzelne Artikel zu tragen hat.
e)	Der jeweilige Beschäftigungsgrad wirkt sich nicht auf den Fixkostenanteil aus, den der einzelne Artikel zu tragen hat.

6. Frau Jonas legt Anne Schulte mehrere Aussagen vor.
   Kreuzen Sie an, welche dieser Aussagen den Begriff der proportionalen Kosten richtig beschreibt.

a)	Sie bleiben als Gesamt- und Stückkosten gleich.
b)	Sie bleiben als Gesamtkosten gleich, als Stückkosten sinken sie.
c)	Sie bleiben als Gesamtkosten gleich, als Stückkosten steigen sie.
d)	Sie verändern sich als Gesamtkosten gleichmäßig mit dem Beschäftigungsgrad, als Stückkosten fallen sie gleichmäßig.

e) Sie verändern sich als Gesamtkosten gleichmäßig mit dem Beschäftigungsgrad, als Stückkosten bleiben sie gleich groß.

f) Sie verändern sich als Gesamtkosten gleichmäßig mit dem Beschäftigungsgrad, als Stückkosten steigen sie ebenfalls gleichmäßig an.

4.3 Wir führen eine Kostenstellenrechnung mithilfe des Betriebsabrechnungsbogens und der Kostenträgerzeitrechnung durch

Handlungssituation

Anne Schulte, Auszubildende bei der Fairtext GmbH, und Frau Jonas, Leiterin der Abteilung Rechnungswesen, haben auf Basis der Gewinn-und-Verlustrechnung (GuV) des Jahres 20.. der Fairtext GmbH eine Betriebsergebnisrechnung erstellt.

Die zwei sollen aus dieser Aufstellung eine genauere Kostenanalyse vornehmen. Zunächst soll im Rahmen der Kostenstellenrechnung ein Betriebsabrechnungsbogen erstellt werden. Dort werden alle Gemeinkosten erfasst und den Kostenträgern zugeordnet. Anschließend sollen mithilfe der Kostenträgerzeitrechnung die angefallenen Kosten der Rechnungsperiode auf die Kostenträger verrechnet werden, um die Selbstkosten zu ermitteln. Bei den Kostenträgern handelt es sich um Damenmode (Kostenträger I) und Herrenmode (Kostenträger II).

Gemeinkostenart (Kto.-Nr.)	Buchungsbetrag	Verteilungsbasis	Einkauf Kostenträger I	Einkauf Kostenträger II	Lager Kostenträger I	Lager Kostenträger II	Vertrieb Kostenträger I	Vertrieb Kostenträger II	Verwaltung
7510 Zinsaufwendungen	35.000,00 €	Werte	3.500,00 €	2.800,00 €	4.900,00 €	4.200,00 €	7.000,00 €	6.300,00 €	6.300,00 €
6300 Gehälter	2.800.000,00 €	Gehaltslisten	140.000,00 €	112.000,00 €	504.000,00 €	336.000,00 €	588.000,00 €	476.000,00 €	644.000,00 €
6700 Mieten	900.000,00 €	Raumgröße	150 m²	100 m²	650 m²	450 m²	350 m²	250 m²	300 m²
7700 Gewerbesteuer	168.000,00 €	Schlüssel	4	3	6	5	3	2	1
6040 Aufw. f. Verpackungsmat.	270.000,00 €	Verbrauch	21.600,00 €	32.400,00 €	78.300,00 €	48.600,00 €	35.100,00 €	29.700,00 €	24.300,00 €
6050 Aufw. f. Energie u. Treibst.	300.000,00 €	Verbrauch	60.000,00 €	45.000,00 €	15.000,00 €	12.000,00 €	75.000,00 €	54.000,00 €	39.000,00 €
6850 Reisekosten	665.000,00 €	Belege	133.000,00 €	99.750,00 €	33.250,00 €	26.600,00 €	166.250,00 €	119.700,00 €	86.450,00 €
6160 Fremdinstandhaltung	900.000,00 €	Belege	72.000,00 €	108.000,00 €	261.000,00 €	162.000,00 €	117.000,00 €	99.000,00 €	81.000,00 €
6800 Allg. Aufw. f. Kommunikation	904.000,00 €	Schlüssel	8	7	10	9	14	12	40
6520 Abschreibungen	250.000,00 €	Anlagenkartei	20.000,00 €	17.500,00 €	25.000,00 €	22.500,00 €	35.000,00 €	32.500,00 €	97.500,00 €
kalk. Unternehmerlohn	180.000,00 €	Schlüssel	3	2			5	4	10
Umlage der Vorkostenstelle Verwaltung			6	5	3	2	8	6	

Anne bekommt auf Basis der oben stehenden Liste den Auftrag, einen Betriebsabrechnungsbogen zu erstellen und die Kostenträgerzeitrechnung durchzuführen. Abschließend soll sie den Erfolg der beiden Kostenträger ermitteln.

Handlungsaufgaben

1. Frau Jonas, Leiterin der Abteilung Rechnungswesen bei der Fairtext GmbH, erklärt Anne, dass diese sich zunächst darüber im Klaren sein soll, was die Kostenstellenrechnung umfasst.
   a) Erklären Sie mit eigenen Worten, was unter der Kostenstellenrechnung zu verstehen ist.
   b) Führen Sie auf, worin sich Kostenstelleneinzelkosten von Kostenstellengemeinkosten unterscheiden.

2. Anne soll nun die Gemeinkosten der Fairtext GmbH auf die entsprechenden Kostenstellen und Kostenträger verteilen. Dazu hat sie von Frau Jonas einen Betriebsabrechnungsbogen bekommen. Erstellen Sie einen Betriebsabrechnungsbogen unter Berücksichtigung der angegebenen Betriebsergebnisrechnung (vgl. Handlungssituation).

Betriebsabrechnungsbogen der Fairtext GmbH, Hannover

Gemeinkostenart (Kto.-Nr.)	Buchungsbetrag	Verteilungsbasis	Einkauf		Lager		Vertrieb		Verwaltung
			Kostenträger I	Kostenträger II	Kostenträger I	Kostenträger II	Kostenträger I	Kostenträger II	
7510 Zinsaufw.	35.000,00	Werte							
6300 Gehälter	2.800.000,00	Gehaltslisten							
6700 Mieten	900.000,00	Raumgröße							
7700 Gew.-Steuer	168.000,00	Schlüssel							
6040 Aufw. f. Verpackungsmat.	270.000,00	Verbrauch							
6050 Aufw. f. Energie u. Treibst.	300.000,00	Verbrauch							
6850 Reisekosten	665.000,00	Belege							
6160 Fremdinstandhaltung	900.000,00	Belege							
6800 Allg. Aufw. f. Kommunikation	904.000,00	Schlüssel							
6520 Abschreibungen	250.000,00	Anlagenkartei							
kalk. U.-Lohn	180.000,00	Schlüssel							
Summe Handlungskosten									
Umlage der Vorkostenstelle Verwaltung									
Summe der Handlungskosten der Endkostenstelle									

3. Frau Jonas erklärt Anne, dass diese sich außerdem darüber im Klaren sein soll, was die Kostenträgerzeitrechnung bedeutet.
   Erklären Sie mit eigenen Worten, was unter der Kostenträgerzeitrechnung zu verstehen ist.

4. Frau Jonas hat bereits weitere Zahlen zu den Kostenträgern Damenmode (Kostenträger I) und Herrenmode (Kostenträger II) aus der Abrechnungsperiode ermittelt. Diese Werte (Wareneinsatz, Verkaufserlöse und Vertreterprovisionen) sind in den beiden unten stehenden Tabellen bereits eingetragen. Anne Schulte soll nun die Selbstkosten sowie den Warenreingewinn für die beiden Kostenträger feststellen.

   a) Ermitteln Sie die Selbstkosten für die beiden Kostenträger.

	Kostenträger I		Kostenträger II	
Wareneinsatz		3.954.056,00		3.367.976,00
+ Handlungskosten gem.				
Kostenstellenrechnung				
Einkauf				
Lager				
Vertrieb				
Summe Handlungskosten				
Selbstkosten				

   b) Ermitteln Sie den Warenreingewinn für die beiden Kostenträger.

	Kostenträger I	Kostenträger II
Verkaufserlöse	8.745.413,00	7.159.874,00
– Wareneinsatz		
Warenrohgewinn		
– Handlungskosten		
– Vertreterprovision	397.916,00	352.270,00
= Warenreingewinn		

4.4 Wir treffen absatzpolitische Entscheidungen auf der Grundlage der Deckungsbeitragsrechnung

Handlungssituation

Herr Raub, Leiter des Funktionsbereichs Verkauf/Absatz, kommt in die Abteilung Rechnungswesen. Er möchte gern eine genauere Aufstellung der Deckungsbeiträge über die vier verschiedenen Herrenanzüge, die in der Warengruppe „Herrenbekleidung" im abgelaufenen Geschäftsjahr verkauft wurden (Herrenanzüge „Elegance", „David Mac Ham", „Happy Size" und „Basic two").

Die Abteilung weist bei den Herrenanzügen zwar einen Gesamtgewinn in Höhe von 4.610,00 € aus, Herr Raub möchte aber wissen, wie hoch die Deckungsbeiträge der einzelnen Artikel sind und ob eventuell absatzpolitische Entscheidungen getroffen werden müssen, um diesen Deckungsbeitrag zu erhöhen.

Frau Jonas, Leiterin der Abteilung Rechnungswesen, hat folgende Informationen bereitgestellt:

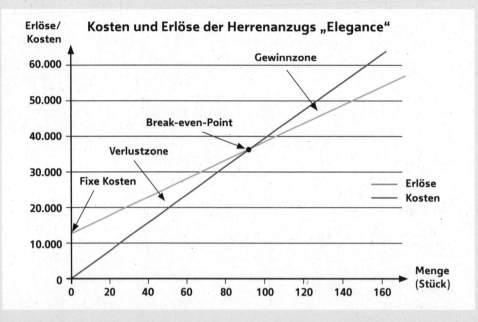

Kosten und Erlöse der Herrenanzugs „Elegance"

Verkaufs-menge	Artikel	Verkaufspreis	Wareneinsatz	variable Stückkosten	fixe Kosten
140	Herrenanzug „Elegance"	395,00 €/St.	210,00 €/St.	55,00 €	12.000,00 €
540	Herrenanzug „David Mac Ham"	175,00 €/St.	74,50 €/St.	56,50 €	19.500,00 €
650	Herrenanzug „Happy Size"	80,00 €/St.	40,00 €/St.	24,00 €	11.500,00 €
250	Herrenanzug „Basic two"	50,00 €/St.	45,00 €/St.	10,00 €	3.500,00 €

Frau Jonas und Sebastian Holpert, Auszubildender bei der Hoffmann KG bzw. der Fairtext GmbH, bekommen nun den Auftrag, für Herrn Raub die oben stehende Grafik näher zu erläutern und die Deckungsbeiträge für diese vier Artikel für das vergangene Jahr aufzustellen.

Handlungsaufgaben

1. Der Herrenanzug „Elegance" ist im vergangenen Jahr zu einem Verkaufspreis von 395,00 € verkauft worden. Die fixen Kosten betrugen 12.000,00 € für diesen Artikel und die variablen Kosten (Warenein-satz + variable Handlungskosten) insgesamt 265,00 €. Der Sachverhalt ist grafisch in der Handlungs-situation dargestellt.

   a) Geben Sie an, wie man die Erlöse (= Umsätze) und die Kosten als Funktionsgleichung darstellen könnte.

   Erlösfunktion = Preis · Menge,   hier: E(x) = _____

   Kostenfunktion = variable Kosten · Menge + fixe Kosten,   hier: K(x) = _____

   b) Der Break-even-Punkt gibt die Verkaufsmenge an, ab der ein Unternehmen Gewinn macht. Lesen Sie die verkaufte Menge aus der Grafik ab und bestimmen Sie den Wert rechnerisch auf Basis von a).

c) Stellen Sie fest, wie hoch der Verlust für den Herrenanzug „Elegance" wäre, wenn die Fairtext GmbH diesen Artikel gar nicht verkaufen würde.

d) Erklären Sie, worin sich grundsätzlich variable von fixen Kosten unterscheiden. Nennen Sie dabei auch je drei mögliche Beispiele für den Herrenanzug „Elegance".

Variable Kosten _____

_____

Fixe Kosten _____

_____

2. Herr Raub und Frau Jonas wollen nun die Deckungsbeiträge für die verschiedenen Artikel berechnen.

a) Beschreiben Sie den Begriff „Deckungsbeitrag" mit eigenen Worten.

b) Mit einer buchtechnischen Kostenspaltung sind Fixkosten für die vier verschiedenen Herrenanzüge in Höhe von 46.500,00 € ermittelt worden.
Geben Sie an, wie hoch die Deckungsbeiträge pro Stück, pro Artikel und insgesamt für das vergangene Jahr sind. Ermitteln Sie auch den Gewinn, indem Sie die nachfolgende Tabelle verwenden.

	Elegance		David Mac Ham		Happy Size		Basic two		Gesamt
	Gesamt-rechnung	Stück-rechnung	Gesamt-rechnung	Stück-rechnung	Gesamt-rechnung	Stück-rechnung	Gesamt-rechnung	Stück-rechnung	
Umsatzerlöse									
– Wareneinsatz									
= Rohgewinn									
– variable Hand-lungskosten									
= Deckungs-beitrag									
– fixe Kosten									
= Gewinn									

3. Herr Raub bekommt nun die Berechnung der Deckungsbeiträge auf den Tisch.

a) Geben Sie Herrn Raub Beurteilungen und Empfehlungen bei den einzelnen Herrenanzügen.

Herrenanzüge	Empfehlung
Herrenanzug „Elegance"	
Herrenanzug „David Mac Ham"	
Herrenanzug „Happy Size"	
Herrenanzug „Basic two"	

b) Frau Jonas erklärt Sebastian, dass die Deckungsbeitragsrechnung auch Probleme mit sich bringt. Sie sagt, dass kurzfristige Entscheidungen aufgrund der Deckungsbeitragsrechnung langfristig falsch sein können.

Nehmen Sie am Beispiel des Herrenanzugs „Happy Size" Stellung zu dieser Aussage.

Vertiefungs- und Anwendungsaufgaben

1. Erläutern Sie zwei Probleme, die bei der Deckungsbeitragsrechnung (Teilkostenrechnung) entstehen können.

2. Sebastian Holpert möchte für die Fairtext GmbH mithilfe der Deckungsbeitragsrechnung die kurzfristige Verkaufspreis-Untergrenze bestimmen. Kreuzen Sie an, welche Vorgehensweise dabei richtig ist.

a)	Es werden alle variablen Kosten eines Artikels ermittelt.
b)	Es werden alle Kosten pro Stück eines Artikels ermittelt.
c)	Es werden alle Gemeinkosten eines Artikels ermittelt.
d)	Es werden alle fixen Kosten eines Artikels ermittelt.
e)	Es werden alle Einzelkosten eines Artikels ermittelt.

3. Ordnen Sie den folgenden Begriffen eine Ziffer aus der Grafik zu.

Begriff	Ziffer
Kostenfunktion	
Verlustzone	
Break-even-Point	
Gewinnzone	
Fixe Kosten	
Erlösfunktion	

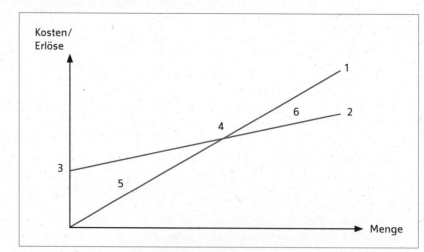

4. Kreuzen Sie an, welche Kosten für die Fairtext GmbH fixe Kosten sind.

a)	Frachtkosten
b)	Telefonkosten
c)	Geschäftsraummiete
d)	Gewerbesteuer
e)	Einkommensteuer

5. Bei der Fairtext GmbH ist ein bestimmter Prozentsatz der Geschäftskosten unabhängig von getätigten Umsätzen und lässt sich kurz- und mittelfristig nicht vermindern. Kreuzen Sie an, wie diese Kosten heißen.

a)	Handlungskosten
b)	Bezugskosten
c)	Variable Kosten ·
d)	Grenzkosten
e)	Fixe Kosten

6. Im letzten Quartal hat sich Herr Hahnenkamp von der Fairtext GmbH über die hohen Handlungskosten geärgert.
Kreuzen Sie an, wie diese reduziert werden können.

a)	Im Einkauf werden Boni und Skonti ausgenutzt.
b)	Der Stromverbrauch wird reduziert.
c)	Im Jahresgespräch mit Lieferern werden höhere Rabatte ausgehandelt.
d)	Die Erlöse werden reduziert.
e)	Es werden fällige Zahlungstermine nach hinten geschoben.

5 Gesamtwirtschaftliche Rahmenbedingungen

5.1 Wir unterscheiden die wirtschaftspolitischen Ziele im Stabilitätsgesetz

Handlungssituation

Bei der Hoffmann KG ist es seit der letzten Wirtschaftskrise in den Jahren 2008/2009 wieder deutlich aufwärts gegangen. So haben sich die Wachstumsraten beim Absatz auch positiv auf den Gewinn ausgewirkt. Während der Wirtschaftskrise konnte die Hoffmann KG zeitweise ihre Produkte nicht einmal „über den Preis" verkaufen und musste zwischenzeitlich sogar Kurzarbeit durchführen. Insgesamt war die Gesamtsituation des Unternehmens sehr kritisch.

Die beiden Komplementäre der Hoffmann KG möchten zukünftig besser auf solche negativen Ereignisse vorbereitet sein. Sie halten es für wichtig, dass die vier Ziele des Stabilitätsgesetzes in Deutschland eingehalten werden.

Zwei Auszubildende und zwei Praktikanten bekommen den Auftrag, die wesentlichen Inhalte der vier Ziele des Stabilitätsgesetzes zu entwickeln und mögliche Maßnahmen der Hoffmann KG aufzuzeigen, die das Unternehmen bei Nichterreichen der verschiedenen Ziele ergreifen kann. Diese Informationen will die Geschäftsführung dann in einer Sitzung den Abteilungsleitungen mitteilen.

In einer ersten Recherche ermitteln die Auszubildenden und die Praktikanten die vier Ziele des Stabilitätsgesetzes:

- Angemessenes Wirtschaftswachstum
- Preisstabilität
- Außenwirtschaftliches Gleichgewicht
- Hoher Beschäftigungsstand

Die Auszubildenden und Praktikanten beschließen, die Erarbeitung der Inhalte und die Ausarbeitung möglicher Maßnahmen für die Hoffmann KG aufzuteilen. Jeder bekommt also ein Thema ...

Handlungsaufgaben

1. Geben Sie an, welche Fragen die Auszubildenden und Praktikanten klären müssen.
2. Carolin beschäftigt sich mit dem Ziel eines angemessenen Wirtschaftswachstums. Vorab soll sie klären, was das Stabilitätsgesetz überhaupt ist bzw. warum und von wem dieses Gesetz entwickelt wurde. Stellen Sie dar, wer das Stabilitätsgesetz entwickelt hat und welcher Zweck damit verfolgt wird.

3. Beim Messen des Wirtschaftswachstums werden in der Regel die Wachstumsraten des Bruttoinlandsprodukts betrachtet.

   a) Erklären Sie, was unter dem Bruttoinlandsprodukt verstanden wird.

   b) Hinter dem Ziel „angemessenes Wirtschaftswachstum" steckt keine konkrete Wachstumsrate. Carolin möchte der Geschäftsleitung aber eine ungefähre Zahl erläutern, wann das Wirtschaftswachstum nach dem Stabilitätsgesetz als angemessen bezeichnet wird. Erläutern Sie, bei welchen Wachstumsraten in Deutschland das Wachstum als „angemessen" bezeichnet wird.

   c) Stellen Sie dar, welche Folgen eine Krise bzw. ein negatives Wachstum auf eine Volkswirtschaft hat.

   d) Im Rahmen der Recherche liest Carolin etwas zu Grenzen des Wachstums, die vom „Club of Rome" im Jahre 1972 in einer Studie veröffentlicht wurden. Erläutern Sie, welche Schlussfolgerungen in der Studie gezogen wurden.

   e) Geben Sie an, welche Maßnahmen die Hoffmann KG ergreifen kann, wenn das Wirtschaftswachstum in Deutschland zurückgeht.

4. Anne beschäftigt sich mit dem Ziel der Preisstabilität. Beim Messen der Preisstabilität wird für Deutschland die Entwicklung des Verbraucherpreisindexes betrachtet.

   a) Zeigen Sie auf, was der Verbraucherpreisindex genau misst.

   b) Anne stößt auf den Begriff Inflation und liest in mehreren Texten, dass eine hohe Inflation schädlich für die Gesamtwirtschaft ist. Definieren Sie den Begriff Inflation.

   c) Es wird häufig zwischen einer nachfrageinduzierten und einer angebotsinduzierten Inflation gesprochen. Erläutern Sie diese beiden Begriffe kurz. Finden Sie jeweils zwei Beispiele für beide Inflationsarten.

Nachfrageinduzierte Inflation	Angebotsinduzierte Inflation
Erläuterung:	Erläuterung:
Beispiele:	Beispiele:

   d) Erläutern Sie drei Maßnahmen, die die Hoffmann KG ergreifen kann, wenn die Preisstabilität in Deutschland gefährdet bzw. nicht gegeben ist.

5. Sebastian beschäftigt sich mit dem Ziel „außenwirtschaftliches Gleichgewicht" des Stabilitätsgesetzes. Zunächst einmal will er ergründen, welche Gründe es für einen Außenhandel, d.h. dem Handel mit anderen Volkswirtschaften, gibt.

   a) Führen Sie Gründe an, die für einen Außenhandel sprechen.

   b) Im Rahmen der Außenbeziehungen ist auch von der Zahlungsbilanz, der Leistungsbilanz und der Handelsbilanz die Rede. Erläutern Sie diese drei Begriffe.

Begriff	Erläuterung
Zahlungsbilanz	

Begriff	Erläuterung
Leistungsbilanz	
Handelsbilanz	

c) In Deutschland wird der hohe Außenhandelsüberschuss häufig gelobt, vom europäischen Ausland aber meist kritisch gesehen. Erläutern Sie, warum Deutschland kritisiert wird. Welche Gefahren bestehen bei einem außenwirtschaftlichen Ungleichgewicht?

d) Begründen Sie, ob Sie das Ziel des außenwirtschaftlichen Gleichgewichts in Deutschland für erreicht halten.

e) Geben Sie an, welche Maßnahmen die Hoffmann KG ergreifen kann, wenn das außenwirtschaftliche Gleichgewicht in Deutschland gefährdet bzw. nicht gegeben ist.

6. Volkan beschäftigt sich mit dem Ziel „hoher Beschäftigungsstand" des Stabilitätsgesetzes. Die Politik ist ständig bestrebt, die Arbeitslosigkeit zu bekämpfen. Dazu wird eine Analyse der Formen der Arbeitslosigkeit durchgeführt. Häufig wird dabei zwischen den unten stehenden sechs Formen der Arbeitslosigkeit unterschieden.

a) Beschreiben Sie die Formen bzw. Ursachen der Arbeitslosigkeit kurz.

Form/Ursache der Arbeitslosigkeit	Beschreibung
Saisonale Arbeitslosigkeit	
Konjunkturelle Arbeitslosigkeit	
Strukturelle, sektorale Arbeitslosigkeit	
Regionale Arbeitslosigkeit	
Friktionelle Arbeitslosigkeit	

b) Volkan macht sich Gedanken über die Folgen der Arbeitslosigkeit. Er möchte das von zwei Seiten betrachten, zum einen die Folgen einer hohen Arbeitslosenquote für eine Volkswirtschaft wie Deutschland und zum anderen für jeden Einzelnen persönlich. Skizzieren Sie die Folgen der Arbeitslosigkeit für eine Volkswirtschaft und für jeden Einzelnen persönlich.

Mögliche Folgen der Arbeitslosigkeit	
Volkswirtschaftlich	Persönlich

c) Führen Sie auf, welche Folgen eine hohe Arbeitslosenquote und welche Folgen die Vollbeschäftigung in Deutschland auf die Hoffmann KG hat.

Folgen einer hohen Arbeitslosenquote ...	Folgen der Vollbeschäftigung ...

d) Nennen Sie Maßnahmen, die die Hoffmann KG ergreifen kann, wenn der hohe Beschäftigungsstand in Deutschland gefährdet bzw. nicht gegeben ist.

Vertiefungs- und Anwendungsaufgaben

1. Zeigen Sie auf, mit welchen Maßnahmen die Politik versuchen kann, das Wachstum anzuregen.
2. Die Inflation hat Auswirkungen auf die Preise.
   a) Berechnen Sie, wie viel ein Produkt, das heute 5,00 € kostet, in zehn Jahren bei einer durchschnittlichen Inflationsrate von jährlich 2% kosten wird.
   b) Berechnen Sie, wie viel das Geld in acht Jahren noch „wert" ist, wenn die Inflationsrate jährlich 2% beträgt.
3. Der auf die Beschäftigung abzielende Eckpunkt im magischen Viereck lautet nicht „Vollbeschäftigung", sondern „hoher Beschäftigungsstand". Begründen Sie, weshalb dies der Fall ist.
4. Die klassischen Formen der Arbeitslosigkeit (saisonal, konjunkturell, strukturell, regional und friktionell) können um die technologische und die lohnkostenbedingte Arbeitslosigkeit erweitert werden. Erklären Sie, was Sie darunter verstehen.
5. Nehmen Sie zu der Aussage „Durch eine erhöhte Investitionstätigkeit der Unternehmen nimmt die Beschäftigung zu" Stellung.
6. Stellen Sie dar, wie Sie Ihren Arbeitsplatz sichern bzw. Ihre eigenen Chancen auf dem Arbeitsmarkt erhöhen können.

5.2 Wir bestimmen Zielbeziehungen und Zielkonflikte im Rahmen des „Magischen Sechsecks"

Handlungssituation

Carolin Saager und Dominik Schlote haben von Frau Bering, Abteilungsleiterin der Verwaltung, den Auftrag bekommen, das Leitbild der Hoffmann KG kritisch zu betrachten. Dabei fällt ihnen eine Formulierung auf:

Leitbild der Hoffmann KG

...

Um der großen sozialen Verantwortung für diese Menschen gerecht zu werden, versuchen wir, Beschaffungsregeln einzuhalten, die die Einhaltung von Sozial- und Umweltstandards gewährleisten ...

...

Carolin und Dominik verstehen nicht, welchen finanziellen Nutzen die Hoffmann KG von der Einhaltung von Sozial- und Umweltstandards haben könnte. Sie meinen, dass die Einhaltung dieser Standards der Hoffmann KG keinen Gewinn bringt und daher nichts im Leitbild zu suchen hat.

Frau Bering: „Nun ja, das muss man differenzierter betrachten. Im Rahmen der wirtschaftspolitischen Ziele des magischen Vierecks haben in den letzten Jahren in der Wirtschaftspolitik noch zwei weitere Ziele an Bedeutung gewonnen – eine gerechte Einkommensverteilung und die Erhaltung einer lebenswerten Umwelt. Man spricht hier auch von dem „Magischen Sechseck". Diese Ziele versuchen wir als Hoffmann KG möglichst zu erfüllen. Aus den insgesamt sechs Zielen der Wirtschaftspolitik entstehen allerdings Zielkonflikte (Zielkomplementarität) und Zielharmonien, auch bei uns im Unternehmen."

Handlungsaufgaben

1. Beim Leitbild der Hoffmann KG ist von Sozial- und Umweltstandards die Rede. Erläutern Sie diese Begriffe ausführlich.
2. Frau Bering erklärt Carolin und Dominik, dass die Hoffmann KG bereits heute viele Sozial- und Umweltstandards erfüllt. Nennen Sie jeweils mindestens drei Sozial- und drei Umweltstandards, die bei der Hoffmann KG (oder in Ihrem Praktikumsunternehmen) bereits erfüllt sein könnten.

Sozialstandards	Umweltstandards

3. Frau Bering ist etwas irritiert über die erste spontane Reaktion von Carolin und Dominik, dass nach Auffassung der beiden die Einhaltung der Sozial- und Umweltstandards der Hoffmann KG keinen Gewinn bringt und daher nichts im Leitbild zu suchen hat. Beurteilen Sie die Haltung von Carolin und Dominik gegenüber den Sozial- und Umweltstandards.

4. Die wirtschaftspolitischen Ziele des magischen Sechsecks können nicht getrennt voneinander betrachtet werden, denn sie stehen unmittelbar in Beziehung zueinander.
   a) Erläutern Sie in diesem Zusammenhang die Begriffe Zielharmonie (Zielkomplementarität) und Zielkonflikt.
   b) Nennen und erläutern Sie jeweils drei Beispiele für eine Zielharmonie und für einen Zielkonflikt.

Zielharmonie (Zielkomplementarität)	Zielkonflikt
a)	a)
b)	b)

5. Der Staat hat mehrere Grundprinzipien und Instrumente, um das Ziel einer gerechten Einkommensverteilung oder der Erhaltung einer lebenswerten Umwelt zu beeinflussen. Diese Maßnahmen können sich auf die Unternehmenspolitik der Hoffmann KG auswirken.
   a) Der Staat kann die Einkommensverteilung beeinflussen. Es sind verschiedene Grundprinzipien einer gerechten Einkommensverteilung zu erkennen: das Leistungsprinzip, das Gleichheitsprinzip und das Bedarfsprinzip. Erläutern und beurteilen Sie kurz die Folgen des jeweiligen Grundprinzips für die Hoffmann KG.

Grundprinzip	Folgen für die Hoffmann KG
Leistungsprinzip Die Einkommen sollten entsprechend der erbrachten Leistung verteilt werden.	
Gleichheitsprinzip Jeder Bürger sollte das gleiche Einkommen erhalten.	
Bedarfsprinzip Jeder erhält das Einkommen, das er benötigt.	

   b) Der Staat verfolgt das Prinzip der Steuergerechtigkeit. Mehrere Mitarbeitende der Hoffmann KG haben in diesem Jahr eine Lohnerhöhung von 4,5 % erhalten, klagen aber über die Steuerprogression. Erläutern Sie den Begriff Steuerprogression und deren Problematik in diesem Zusammenhang kurz.
   c) Erläutern Sie kurz, wie eine gerechte Einkommensverteilung die Gewinne bei der Hoffmann KG positiv beeinflussen kann.

6. Bei der Förderung der erneuerbaren Energien wurde im Jahr 2000 das Gesetz für den Vorrang erneuerbarer Energien (EEG) in Kraft gesetzt. Ziel des EEG sind die Förderung des Ausbaus der erneuerbaren Energien zur Stromerzeugung und die Erhöhung des Anteils erneuerbarer Energien an der Stromversorgung. Nennen und erläutern Sie zwei Möglichkeiten/Maßnahmen, wie die Hoffmann KG dieses Gesetz nutzen kann, um sowohl etwas für die Umwelt zu erreichen als auch den Gewinn zu erhöhen.

Möglichkeiten/Maßnahmen	Erläuterung

Vertiefungs- und Anwendungsaufgaben

1. Umweltzerstörung und -verschmutzung als Folgen des Wachstumsstrebens werden überwiegend der materiellen Industrieproduktion zugeschrieben. Erläutern Sie an zwei Beispielen, warum sich diese Folgen nicht nur in den entwickelten Industriestaaten niederschlagen.
2. Wie kann der Staat die Umverteilung des Einkommens beeinflussen?
3. Umweltschutz und Wirtschaftswachstum müssen sich nicht ausschließen. Stellen Sie an einem Beispiel dar, wie der Umweltschutz das Wirtschaftswachstum positiv beeinflussen kann.
4. Nach der Definition der Weltbank gilt als arm, wer im Durchschnitt von weniger als 2,15 Dollar am Tag leben muss. Vergleichen Sie mithilfe des Internets die Definition der Weltbank mit der Armutsdefinition, wie sie in den Industrieländern verwendet wird. Gehen Sie dabei auch auf die Begriffe relative und absolute Armut ein.

5.3 Wir sind als Unternehmen konjunkturellen Schwankungen ausgesetzt

Handlungssituation

Frau Bertram, Abteilungsleiterin des Rechnungswesens bei der Hoffmann KG, kommt ins Büro von Carolin Saager und Dominik Schlote mit einer Statistik zu den Umsatzzahlen für Damenbekleidung der letzten 24 Jahre.

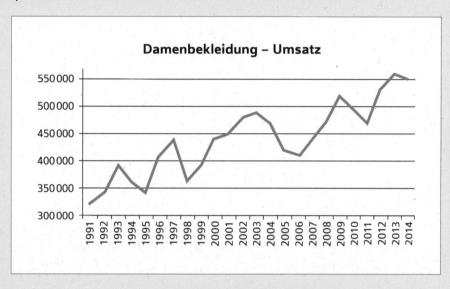

Sie gibt den beiden den Auftrag, diese Statistik näher zu untersuchen.

Handlungsaufgaben

1. Carolin und Dominik untersuchen die Umsatzstatistik für Damenbekleidung näher. Nennen Sie Punkte, die Ihnen bei der oben stehenden Umsatzstatistik auffallen.
2. Begründen Sie, wieso es zu Umsatzschwankungen im Markt für Damenbekleidung kommt.
3. Carolin und Dominik haben festgestellt, dass es zu Schwankungen innerhalb eines bestimmten Zeitraums kommt. Frau Bertram erklärt den beiden, dass diese Schwankungen sehr stark mit den verschiedenen Phasen des Konjunkturzyklus zusammenhängen.
   a) Erläutern Sie den Begriff Konjunkturschwankungen.
   b) Carolin und Dominik wollen die vier Phasen des Konjunkturzyklus in einer Übersicht darstellen und Handlungsmöglichkeiten und Folgen für die Hoffmann KG zeigen. Beschreiben Sie vier Phasen des Konjunkturzyklus mit eigenen Worten und geben Sie Hinweise, wie die Hoffmann KG in den einzelnen Phasen im Bereich der Damenbekleidung reagieren wird und welche Folgen diese Phase haben kann.

Phase	Beschreibung	Mögliche Reaktion und Folgen für die Hoffmann KG
1. Aufschwung		

Phase	Beschreibung	Mögliche Reaktion und Folgen für die Hoffmann KG
2. Hochkonjunktur		
3. Abschwung		
4. Tiefstand (Depression)		

Vertiefungs- und Anwendungsaufgaben

1. Im Alten Testament heißt es: „Siehe, sieben reiche Jahre werden kommen [...]. Und nach ihnen werden sieben Jahre des Hungers kommen [...]."[1]
   Erläutern Sie, was diese Aussage mit dem Konjunkturzyklus zu tun hat.
2. Erläutern Sie, welche Möglichkeiten der Staat und ggf. die Zentralbank eines Staates haben, um einer Depression entgegenzuwirken.
3. Nennen Sie vier Ursachen für Konjunkturschwankungen.
4. Die Konjunktur eines Landes befindet sich im Abschwung.
   Führen Sie auf, woran man diese Entwicklung erkennen kann.

---

1 Quelle: Die Bibel, 1. Mose Kapitel 41,29 & 41,30 übersetzt von Martin Luther, Stuttgart: Deutsche Bibelgesellschaft 1985.

5.4 Wir beachten fiskalpolitische Maßnahmen des Staates

Handlungssituation

Carolin Saager darf heute in der Abteilungsleitersitzung hospitieren. Es geht um die langfristigen Investitionsvorhaben der Hoffmann KG. Bisher sah die langfristige Planung der Hoffmann KG vor, ein neues Zentrallager für den süddeutschen Raum zu errichten. Investiert werden sollen dazu 9 Millionen €, wovon ca. 6 Millionen € kreditfinanziert werden sollen. Herr Hoffmann stellt gerade einen Zeitungsartikel vor:

… Wie aus Kreisen der Bundesregierung gestern zu erfahren war, rechnet man in der nächsten Zeit mit den folgenden Eckdaten:

– Arbeitslosigkeit: 10 %
– Wirtschaftswachstum 0,1 %
– Inflation 1 %
– Nettokreditaufnahme (in % des BIP) 8 %

Ein Regierungssprecher sagte, dass „die Bundesregierung auf die plötzliche Veränderung der konjunkturellen Lage sofort mit allen fiskalpolitischen Instrumenten reagieren" werde …

Herr Hoffmann: „Ändert sich dadurch etwas für die Hoffmann KG?"

Handlungsaufgaben

1. Geben Sie an, welche Probleme sich für die Hoffmann KG ergeben.
2. Erläutern Sie den Begriff Fiskalpolitik.
3. Unterscheiden Sie im Rahmen der Fiskalpolitik zwischen Einnahmen- und Ausgabenpolitik des Staates.
4. Vervollständigen Sie die folgende Übersicht über fiskalpolitische Maßnahmen des Staates bei einer Rezession.

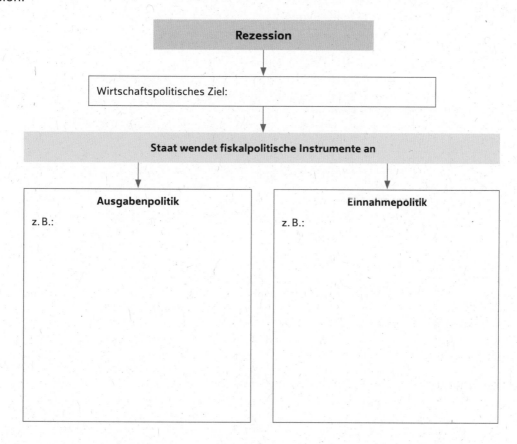

95

5. Vervollständigen Sie die folgende Übersicht über fiskalpolitische Maßnahmen des Staates bei einer Hochkonjunktur (Boom).

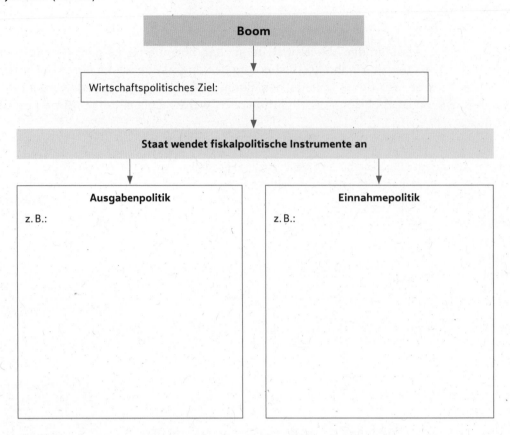

6. Als fiskalpolitische Maßnahme vergibt die Bundesregierung Aufträge für den Neubau vieler Hochschulen zur Konjunkturbelebung. Zeigen Sie die gesamtwirtschaftliche Wirkung dieser Maßnahme.

Der Staat vergibt Aufträge für den Neubau von Hochschulen		Auswirkungen
	Bestellungen	
	Produktion	
	Beschäftigung in den betroffenen Branchen	
	Volkseinkommen in den betroffenen Branchen	
	Konsumnachfrage	
	Beschäftigung in der Konsumgüter-industrie	
	Konjunkturklima	
	Private Investitionen	
	Gesamtnachfrage	

7. Geben Sie Empfehlungen für das Verhalten der Hoffmann KG.

Vertiefungs- und Anwendungsaufgabe

Entscheiden Sie in den folgenden Fällen, ob die jeweilige fiskalpolitische Maßnahme der Konjunkturbelebung oder -dämpfung dient.

Fiskalpolitische Maßnahme	Konjunktur-belebung	Konjunktur-dämpfung
Aussetzung der degressiven Abschreibung sowie von Sonderabschreibungen		
Bausperre für öffentliche Gebäude		
Senkung der Einkommensteuer um 5 %		
Die Bundesregierung nimmt zusätzliche Kredite in Höhe von 20 Mrd. € auf		
Geplante Investitionen werden vorgezogen		
Ausgabensperre		
Investitionsprämien		

5.5   Wir erkennen die Bedeutung von grundsätzlichen Strategien in der Außenwirtschaftspolitik und der Mitgliedschaft in internationalen Wirtschaftsorganisationen

Handlungssituation

Dominik Schlote und Anne Schulte treffen sich in der Mittagspause.

Anne: „Wusstest du schon, dass wir in der Hoffmann KG mit 158 Ländern Geschäftsbezie-hungen jetzt und irgendwann in der Vergan-genheit unterhalten und unterhalten haben? Das sagte mir vorhin Herr Trumpf. Er nannte beispielhaft auch verschiedene Länder: Zypern, Norwegen, Kanada, Ecuador, Brasilien, Indonesien, Neuseeland. Das ist ganz schön beeindruckend, finde ich."

Dominik: „Wieso? Das ist doch heutzutage genau so wie mit einem Unternehmen in Frankreich Handel zu treiben."

Anne: „Na, ganz so einfach ist das nicht. Frankreich gehört ja wie die Bundesrepublik zur EU. Das bedeutet, dass ein Unternehmen beim Handel mit diesen Ländern viele Nachteile, die man sonst im Außenhandel hat, nicht befürchten muss. Also Kontakte zu französischen Unternehmen sind heute tatsächlich kein Problem mehr. Aber andere Staaten gehören oft anderen Wirtschafts-blöcken an. Innerhalb dieser Wirtschaftsbündnisse gilt meistens auch der Freihandel. Nach außen hin agieren sie aber häufig protektionistisch."

Dominik: „Protektionistisch? So ganz ist mir nicht klar, was das bedeutet."

Anne: „Da wird manchmal mit harten Bandagen gekämpft. So wurden gerade Jeans aus Japan und Südkorea von der EU mit Strafzöllen belegt, weil sie in der EU mit Dumpingpreisen angeboten wurden. Andererseits möchte China eine Erhöhung der Einfuhrquoten ..."

Dominik: „Also, ich weiß nicht. Das ist viel zu viel Aufwand, sich um den Außenhandel zu kümmern. Das meine ich für Deutschland im Allgemeinen, für die Hoffmann KG im Speziellen … Ich gehe sogar noch weiter: Unternehmen brauchen sich nicht um den Außenhandel zu kümmern."

Anne: „Da bin ich anderer Ansicht. Jedes Unternehmen muss sich um den Außenhandel kümmern …"

Handlungsaufgaben

1. Stellen Sie fest, welche Bedeutung der Handel mit dem Ausland für die Bundesrepublik Deutschland hat.
2. Unterscheiden Sie die verschiedenen Arten des Außenhandels.

Art der Güter	Räumliche Sicht

3. Stellen Sie die zwei grundlegenden Strategien in der Außenwirtschaftspolitik gegenüber.

4. Geben Sie Gründe dafür an, warum protektionistische Maßnahmen ergriffen werden.
5. Führen Sie verschiedene protektionistische Maßnahmen auf.

Direkte protektionistische Maßnahmen der Außenhandelsbeschränkung	Indirekte protektionistische Maßnahmen zur Beschränkung des Außenhandels

6. Stellen Sie fest, welche Auswirkungen protektionistische Maßnahmen auf die Hoffmann KG haben können.

7. Alle in der Handlungssituation genannten Länder gehören einem Wirtschaftsblock an.

   a) Ordnen Sie die folgenden Länder einem Wirtschaftsblock zu:
      Brasilien
      Ecuador
      Indonesien
      Kanada
      Neuseeland
      Norwegen
      Zypern

   b) Führen Sie den jeweiligen vollen Namen des Wirtschaftsblocks auf.

   c) Geben Sie einen kurzen Hinweis auf die Region, in der sich die Mitgliedstaaten des Wirtschaftsblocks befinden.

   d) Führen Sie mindestens zwei weitere Mitgliedsländer des Wirtschaftsblocks auf.

Wirtschafts-block	Vollständiger Name	Land	Region	Beispiele für weitere Mitgliedsländer
EU				
EFTA				
NAFTA				
ACM				
Merkosur				
ASEAN				
APEC				

8. Begründen Sie, warum die Mitgliedschaft der Bundesrepublik in der Europäischen Union Vorteile für die Hoffmann KG bringt.

9. Führen Sie Merkmale der Wirtschaftsunion im Rahmen der EU auf.

10. Geben Sie an, wodurch die Währungsunion gekennzeichnet ist.

11. Erläutern Sie den Begriff „Konvergenzkriterium".

12. Führen Sie die vier Konvergenzkriterien auf.

Kriterium	Bedeutung
	Hoher Grad an Preisniveaustabilität: Die Inflationsrate eines Landes darf – gemessen am Verbraucherpreisindex – im Jahr vor der Konvergenzprüfung um nicht mehr als 1,5 % über der Inflationsrate der drei Mitgliedstaaten mit der besten Preisstabilität liegen.
	Der durchschnittliche langfristige Nominalzins darf im Jahr vor der Konvergenzprüfung um nicht mehr als 2 % über der Inflationsrate der drei Mitgliedstaaten mit der besten Preisstabilität liegen.
	Ein Land gilt als qualifiziert, wenn es im Hinblick auf die Wechselkursentwicklung im Rahmen des Wechselkursmechanismus des Europäischen Währungssystems (EWS) die vorgesehenen normalen Bandbreiten zumindest in den letzten zwei Jahren vor der Prüfung ohne starke Spannungen eingehalten hat.
	Ein Land darf – kein übermäßiges Defizit (das Verhältnis zwischen Defizit und BIP darf nicht mehr als 3 % betragen); – keine übermäßige Verschuldung (das Verhältnis zwischen öffentlicher Bruttoverschuldung und BIP darf nicht mehr als 60 % betragen) aufweisen.

5.6 Wir beachten Entscheidungen der Europäischen Zentralbank

Handlungssituation

Carolin Saager ist gerade im Gespräch mit Frau Bertram, als Herr Hoffmann ins Zimmer kommt.

Herr Hoffmann: „Guten Morgen Frau Bertram, guten Morgen Frau Saager, haben Sie heute Morgen Zeitung gelesen? Die EZB plant, in den nächsten 14 Tagen den Mindestreservesatz deutlich zu erhöhen, wird in interessierten und informierten Kreisen gemunkelt.
Wir wollten doch irgendwann in der nächsten Zeit mal bei der Bank wegen eines Kredits für den Bau der neuen Lagerhalle vorbei. Die Frage ist: Hat diese Entscheidung der EZB eine Auswirkung auf die Geschäfte der Hoffmann KG?"

Frau Bertram: „Wurde denn auch schon etwas über Entscheidungen im Bereich der Offenmarktgeschäfte und der ständigen Fazilitäten berichtet?"

Herr Hoffmann: „Da ist die EZB wohl noch am Überlegen."

Frau Bertram: „Na, schauen wir mal ..."

Herr Hoffmann: „Frau Saager, was meinen Sie denn: Hat die Mindestreserveerhöhung durch die EZB bestimmte Konséquenzen für uns?"

Carolin: „Ja, natürlich ..."

Handlungsaufgaben

1. Geben Sie die grundlegenden Aufgaben des Eurosystems an.
2. Führen Sie Unterschiede zwischen der Europäischen Zentralbank (EZB) und den nationalen Zentralbanken (NZBs) an.

Aufgaben	
der EZB	einer NZB

3. Erläutern Sie den Begriff Geldpolitik.
4. Erklären Sie, wie die EZB Einfluss auf die gesamtwirtschaftliche Entwicklung nehmen kann. Geben Sie dazu den Einfluss einer Ausweitung der Geldmenge auf verschiedene volkswirtschaftliche Größen an.

Das Eurosystem nimmt Einfluss mithilfe geldpolitischer Instrumente auf die gesamtwirtschaftliche Entwicklung, indem es die Geldmenge reguliert.	
Grundgedanke:	Enge Beziehung zwischen Geldmenge, Preisniveau, Sozialprodukt und Beschäftigung
Beispiel:	
volkswirtschaftliche Größe	
Geldmenge	
Nachfrage	
Preisniveau	
Sozialprodukt	
Beschäftigung	

5. Ergänzen Sie die folgende Tabelle.

Überblick über die geldpolitischen Instrumente der EZB			
Instrument	Begriff	Maßnahme der EZB zur Ankurbelung der Konjunktur	Volkswirtschaftliche Auswirkung
Offenmarkt-politik			↓ _____ der Geldmenge ↓ _____ sinkt _____ _____
Ständige Fazilitäten			↓ Kreditnachfrage _____ ↓ _____ der Nachfrage ↓ _____ der Konjunktur
Mindest-reservepolitik			

6. Die EZB wendet bei Offenmarktgeschäften sehr oft das Tenderverfahren an. Ergänzen Sie die folgende Tabelle.

Tenderverfahren		
Wertpapiere werden mittels einer Auktion auf dem Markt angeboten.		
Die EZB legt im Voraus schon den Zinssatz und das Gesamtvolumen fest Die Geschäftsbanken als Bieter der Auktion geben dann das Volumen ihrer Nachfragen an. Die EZB als Anbieter, der das Gesamtvolumen be-stimmt, teilt dieses anschließend entsprechend den Quoten den Geschäftsbanken zu. Die Quoten errechnen sich aus den Verhältnissen der Bietervolumen.	Die bietenden Geschäftsbanken müssen bei ihren Geboten neben dem Volumen auch den Zinssatz nennen, zu dem sie bereit sind, (gegen Verpfändung der Wertpapiere) Zentralbankgeld auszuleihen.	
	Die Geschäftsbanken geben ihre Gebote für die Zinssätze ab, die sie für den Erhalt des Geldes (gegen Verpfändung bzw. Verkauf der Wertpapiere) zahlen würden. Es wird ein einheitlicher Zinssatz ermittelt, der dem günstigsten zugeteilten Zinssatz entspricht. Dieser ist dann für alle beteiligten Geschäftsbanken gültig.	Die Zuteilung des Geldes an die Geschäftsbanken erfolgt zu den gebotenen Zinssätzen. Derjenige Zinssatz, zu dem gerade noch Geld ausgegeben werden kann, nennt sich marginaler Zinssatz.
Unterscheidung der Tenderverfahren nach der Ablaufgeschwindigkeit		
Abwicklung innerhalb von 1 bis 2 Tagen	Abwicklung innerhalb weniger Stunden	

7. Vervollständigen Sie die folgende Tabelle.

Ständige Fazilitäten	
Form von _____ (für einen Geschäftstag) Krediten, die den Geschäftsbanken zur Refinanzierung eingeräumt werden bzw. Möglichkeit für die Geschäftsbanken, kurzfristig Guthaben anzulegen	
Möglichkeit für Geschäftsbanken, sich kurzfristig (über Nacht) Geld bei der (EZB) zu beschaffen. Als Preis für die Inanspruchnahme dieses Kredits zahlen sie den von der EZB vorgegebenen Spitzenrefinanzierungssatz.	Möglichkeit für Geschäftsbanken, kurzfristig nicht benötigtes Geld bei der EZB anzulegen. Der Zinssatz liegt dabei immer unter dem Spitzenrefinanzierungsfazilitätszinssatz

8. Füllen Sie die Lücken in dem folgenden Text aus. Verwenden Sie dabei die folgenden Begriffe:

> Belastung – Einlagen – Geldschöpfung – Geschäftsbanken – hoch – Kreditkunden –
> Kreditvergaben – Rentabilität – teurere – verzinst – Zentralbank – Zinsniveau

Bei der Mindestreservepolitik sind die _____ verpflichtet, einen Teil ihrer

_____ bei der _____ zu hinterlegen. Abhängig davon,

wie _____ diese Mindestreserve ist, gestaltet sich der Handlungsspielraum der

Geschäftsbanken, da diesen die Mindestreserven als Grundlage für weitere _____

bzw. die Geldschöpfung entzogen wird.

Darüber hat die Mindestreservepolitik auch Einfluss auf das _____.

Weil die Mindestreserven nur sehr gering _____ werden, wirkt sich dies auch auf die

_____ der Geschäftsbanken aus. Diese wälzen die zusätzliche _____

auf ihre Kreditkunden ab. Diese erhalten dann _____ Kredite angeboten.

9. Beurteilen Sie die Auswirkungen der Entscheidung der EZB auf die Hoffmann KG.

Vertiefungs- und Anwendungsaufgabe

1. Führen Sie bei den drei Maßnahmen der Geldpolitik die richtigen volkswirtschaftlichen Auswirkungen auf:

Wirkungen der Instrumente der Geldpolitik

Eine **Senkung** des **Mindestreservesatzes** löst idealtypisch folgende Reaktionen aus:	Eine **Erhöhung** des **Refinanzierungssatzes** hat Folgendes zur Folge:	Eine **Senkung** der Zinsen auf **Offenmarktpapiere** bewirkt Folgendes:
Die Banken können von ihren Einlagen einen _____ Teil als Kredite an Unternehmen und Privatpersonen vergeben.	Es wird für die Banken _____, sich bei der Notenbank mit Geld zu versorgen.	Es wird für Banken _____ lukrativ, Offenmarktpapiere zu kaufen.
Die Banken können _____ Kredite vergeben; die Geldschöpfungsmöglichkeiten _____.	Sie geben die _____ Kosten an ihre Kunden weiter.	Deshalb kaufen sie _____ Offenmarktpapiere und
Der Geldumlauf _____ dadurch.	Es werden _____ Kredite vergeben.	vergeben _____ Kredite.
Ein _____ Geldumlauf _____die Inflation, da die Nachfrage _____.	Der Geldumlauf _____ dadurch.	Der Geldumlauf _____ dadurch.
Da _____ Geld für Kredite zur Verfügung steht, _____ der Zins; Zinsen sind der Preis für Geld, also ein Knappheitsindikator.	Ein _____ Geldumlauf _____ die Inflation.	Ein _____ Geldumlauf _____ die Inflation.
_____ Zinsen _____ _____.	_____ Zinsen führen zu _____ und damit zu einer _____ der eigenen Währung.	Da _____ Geld für Ausleihungen zur Verfügung steht, _____ der Zins.
Bei _____ Zinsniveau wird _____ gespart und _____ konsumiert bzw. investiert.	Aufwertungen _____ Inflation und Wirtschaftswachstum zusätzlich.	_____ Zinsen _____ die Wirtschaft an.
_____ Zinsen führen zu _____ und damit zu einer _____ der eigenen Währung.		_____ Zinsen führen zu _____ und damit zu einer _____ der eigenen Währung.
_____ Inflation und Wirtschaftswachstum zusätzlich.		_____ Inflation und Wirtschaftswachstum zusätzlich.

6 Investition und Finanzierung

6.1 Wir treffen Finanzierungsentscheidungen für Investitionen

Handlungssituation

Im Rahmen seines Praktikums wird Dominik Schlote direkt bei Frau Bertram, der Finanzchefin der Hoffmann KG, eingesetzt. Dies ist einerseits eine Ehre, da bekannt ist, dass Frau Bertram sich immer sehr gute Praktikantinnen und Praktikanten aussucht, die direkt mit ihr zusammenarbeiten dürfen. Andererseits erwarten Dominik jedoch eine Menge herausfordernder Aufgaben, für welche Frau Bertram bei den Mitarbeiterinnen und Mitarbeitern bekannt ist.

An seinem ersten Tag in der Finanzabteilung erhält Dominik direkt die folgende E-Mail von der Chefin:

Hallo Herr Schlote,

herzlich willkommen in der Finanzabteilung der Hoffmann KG. Ich hoffe, dass Sie sich schnell bei uns einfügen und wohlfühlen werden.

Damit Sie sich ohne große Verzögerung in unsere Arbeitsweisen einfinden und uns bei unseren Projekten unterstützen können, möchte ich Sie bitten, sich schnellstmöglich auf ein Gespräch mit mir zu folgendem Sachverhalt vorzubereiten:

Es ist nun schon länger in Planung, in Ulm eine Niederlassung zu eröffnen, doch aktuell suchen wir noch nach einem passenden Objekt in der Innenstadt. Von diesem neuen Standort aus soll der süddeutsche Markt und insbesondere das deutschsprachige Ausland schneller und komfortabler bedient werden.

Vor kurzem ist die dort ansässige renommierte KomfortTex GmbH in Liquiditätsschwierigkeiten geraten. Sollten wir die Komfort-Tex GmbH übernehmen, wären lediglich einige äußerliche Veränderungen und ein paar Umbauten vorzunehmen und wir wären in einer guten Lage in Ulm präsent.

Allerdings bestehen auch Bedenken, denn wir wissen noch nicht, wie es dazu kommen konnte, dass die KomfortTex GmbH so kurzfristig zahlungsunfähig wurde. Dies gilt es zu prüfen. Ich habe bereits zahlreiche Unterlagen auf meine Mitarbeiterinnen und Mitarbeiter verteilt, damit ich möglichst genaue Informationen über die finanziellen Umstände erhalte.

Um jedoch möglichst schnell einen Überblick zu erhalten, möchte ich mit der Analyse des kurzfristigen Finanzplans der Komfort-Tex GmbH beginnen. Ich vermute, dass wir dort die Gründe für den plötzlichen Finanzkollaps finden.

Ich möchte Sie bitten, sich diesen Plan (siehe Anhang) anzuschauen. Suchen Sie nach auffälligen Zahlen und versuchen Sie, eine Prognose für die nächsten Monate zu erstellen. Sie überprüfen also die Liquidität und den Kapitalbedarf der KomfortTex GmbH für mich.

Ich stelle Ihnen später einen Termin in den Kalender, in dem Sie mir bitte Ihre Ergebnisse und Ihre Erkenntnisse bezüglich zukünftiger Investitionen vorstellen.

Mit freundlichen Grüßen
Martina Bertram

Leiterin Rechnungswesen
Hoffmann KG

Finanzplan KomfortTex GmbH						
Beträge in T€	Juli			August		
	SOLL	IST	DIFFERENZ	SOLL	IST	DIFFERENZ
Anfangsbestand an Zahlungsmitteln (Kasse, Bank)	351,00	451,63	100,63	374,27	−667,12	−1.041,39
Einzahlungen:						
Umsatzerlöse	8.400,00	8.226,84	−173,16	8.400,00	8.413,09	13,09
Forderungen	2.750,00	2.688,29	−61,71	2.750,00	2.678,36	−71,64
Zinsen	0,12	0,12	0,00	0,12	0,00	−0,12
Verkauf von Anlagevermögen	20,00	20,77	0,77	20,00	0,00	−20,00
Darlehensaufnahme	10,00	43.604,68	43.594,68	10,00	0,00	−10,00
sonstige	7,00	6,89	−0,11	7,00	7,24	0,24
Summe der Einzahlungen	**11.187,12**	**54.547,59**	**43.360,47**	**11.187,12**	**11.098,69**	**−88,43**
Auszahlungen						
Kauf von Anlagevermögen	80,00	2.358,69	−2.278,69	80,00	78,00	2,00
Kauf von Grundstücken	0,00	43.651,36	−43.651,36	0,00	0,00	0,00
Mieten	2.116,85	0,00	2.116,85	2.116,85	0,00	2.116,85
Wareneinkäufe	6.300,00	6.128,96	171,04	6.300,00	6.687,89	−387,89
Steuern/Abgaben	2.300,00	3.136,74	−836,74	2.300,00	2.236,35	63,65
Löhne und Gehälter	125,00	127,42	−2,42	125,00	126,97	−1,97
Darlehensrückzahlung	135,00	120,32	14,68	135,00	890,86	−755,86
Reparaturen	40,00	51,73	−11,73	40,00	34,69	5,31
Zinsen	35,00	32,81	2,19	35,00	1.004,63	−969,63
Versicherungen	32,00	58,31	−26,31	32,00	107,25	−75,25
Summe der Auszahlungen	**11.163,85**	**55.666,34**	**−44.502,49**	**11.163,85**	**11.166,64**	**−2,79**
Endbestand an Zahlungsmitteln	**374,27**	**−667,12**	**−1.041,39**	**397,54**	**−735,07**	**−1.132,61**

Handlungsaufgaben

1. Erläutern Sie kurz mit eigenen Worten, was man unter dem Begriff „Investition" versteht.
2. Ordnen Sie die folgenden Begrifflichkeiten für sich und formulieren Sie anschließend aus den folgenden Begriffen einen sinnvollen Text, welcher den Zusammenhang der Begrifflichkeiten erläutert.

Kapital – Mittelverwendung – Bilanz – Eigenkapital – Mittelherkunft – Finanzierung – Anlagevermögen – Investition – Vermögen – Umlaufvermögen – Fremdkapital – Aktivseite

3. Vervollständigen Sie den Überblick über die Einflussfaktoren des Kapitalbedarfs.

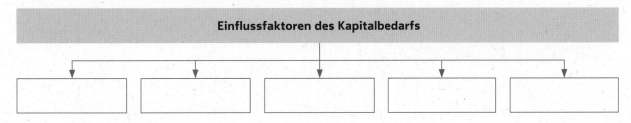

Einflussfaktoren des Kapitalbedarfs

4. Erläutern Sie den Einfluss der Zinsen auf den Kapitalbedarf mit eigenen Worten.
5. Erläutern Sie den Einfluss der Größe des Unternehmens auf den Kapitalbedarf mit eigenen Worten.
6. Geben Sie an, was im Allgemeinen unter einem Finanzplan verstanden wird.
7. Mithilfe eines kurzfristigen Finanzplans kann also die Liquidität eines Unternehmens überwacht werden.
    a) Betrachten Sie den kurzfristigen Finanzplan der KomfortTex GmbH genau und identifizieren Sie die Ursachen für die Probleme von der KomfortTex GmbH. Nehmen Sie abschließend kurz Stellung, wie die Liquidität der KomfortTex GmbH einzuordnen ist.
    b) Betrachten Sie den kurzfristigen Finanzplan der KomfortTex GmbH genauer und entwickeln Sie eine Prognose für den Monat September. Gehen Sie grundsätzlich davon aus, dass die Werte der Vormonate durchschnittlich repräsentative Werte für die Zukunft sind.

Beträge in T€	PROGNOSE September	
	SOLL	Anmerkung/Begründung
Anfangsbestand an Zahlungsmitteln (Kasse, Bank)		
Einzahlungen:		
Umsatzerlöse		
Forderungen		
Zinsen		
Verkauf von Anlagevermögen		
Darlehensaufnahme		
Sonstige		
Summe der Einzahlungen		
Auszahlungen		
Kauf von Anlagevermögen		
Kauf von Grundstücken		
Mieten		
Wareneinkäufe		
Steuern/Abgaben		
Löhne und Gehälter		
Darlehensrückzahlung		
Reparaturen		
Zinsen		
Versicherungen		
Summe der Auszahlungen		
Endbestand an Zahlungsmitteln		

c) Bereiten Sie das Gespräch mit Frau Bertram vor, indem Sie eine Empfehlung abgeben, ob sich die Übernahme von der KomfortTex GmbH für die Hoffmann KG lohnen könnte.

Vertiefungs- und Anwendungsaufgaben

1. Im Mittelpunkt der Diskussion bei der Vorstandsbesprechung der Hoffmann KG steht die sehr schwierige Situation in der Textilbranche. Es herrscht starke Konkurrenz, in deren Folge schon seit Längerem die eigenen Umsätze stagnieren. Eine Lösung sieht die Unternehmensleitung in umfangreichen Rationalisierungsinvestitionen. Strittig ist jedoch die Finanzierung.

a) Erklären Sie die Begriffe Finanzierung und Investition und erläutern Sie, inwiefern ein Zusammenhang zwischen Finanzierung und Investitionen besteht.

Begriff	Erklärung	Zusammenhang
Finanzierung		
Investition		

b) Nennen Sie drei weitere betriebliche Gründe, die zu Investitionen führen können.

Investitionsart	Investitionsgrund

2. Erstellen Sie mithilfe des Lehrbuches aus folgenden Angaben einen Finanzplan (Liquiditätsplan) für die Monate Juli, August und September:
Der gesamte Zahlungsverkehr wird über ein Bankkonto abgewickelt. Bei der Bank besteht ein Dispositionskredit über 50.000,00 €. Zum 30. Juni besteht ein Bankguthaben von 50.000,00 €.
Der Finanzstatus zum 30. Juni weist folgende Planzahlen auf:
- Ausgaben zur Begleichung von Verbindlichkeiten
  - im Juli: 300.000,00 €
  - im August: 400.000,00 €
  - im September: 450.000,00 €

- Umsatzerlöse nach Ziel
  - im Juli: 150.000,00 €
  - im August: 400.000,00 €
  - im September: 650.000,00 €
- Ausgaben für Einkauf, Produktion und Verwaltung
  - im Juli: 100.000,00 €
  - im August: 140.000,00 €
  - im September: 220.000,00 €
- Einnahmen aus Warenverkäufen bar
  - im Juli: 250.000,00 €
  - im August: 50.000,00 €
  - im September: 150.000,00 €
- Einnahme von 25.000,00 € im August durch den Verkauf einer gebrauchten Maschine

Errechnen Sie für jeden Monat den voraussichtlichen Endbestand des Bankkontos.

	Juli	August	September
Stand Bankkonto Anfang des Monats			
= Endbestand Bankkonto			

6.2 Wir entscheiden uns für geeignete Formen der Kapitalbeschaffung

Handlungssituation

Daniel, der Freund von Carolin Saager, überlegt schon seit längerer Zeit, ob er sich mit seinem Arbeitskollegen Michael mit einem eigenen Software-Entwicklungsunternehmen mit einem kleinen integrierten Hardwarevertrieb selbstständig machen soll. Die beiden haben sich schon fleißig umgeschaut und einige Pläne geschmiedet.

Die Räume würden sie renovieren müssen, aber sie könnten sie immerhin kostengünstig anmieten, da Michaels Onkel Hubert viele Immobilien besitzt und die Gewerbeflächen in

einem Erdgeschoss kurzfristig frei werden. Onkel Hubert hat Michael bereits signalisiert, dass er die Räume günstig an die beiden vermieten würde. Für die Einrichtung, die ersten Waren und insbesondere die notwendige technische Ausstattung des Unternehmens fallen allerdings hohe Kosten an.

Die Kosten für diverse Server, Drucker, PCs usw. beziffern die beiden auf der Grundlage von eingeholten Angeboten auf ungefähr 120.000,00 €. Da sie in ihrem Unternehmen insbesondere hochkomplexe Computerspiele erstellen wollen, benötigen sie Grafikprogramme, die imstande sind, eine optimale und realitätsnahe virtuelle Welt zu erschaffen. Die Grafikprogramme werden ca. 15.000,00 € kosten.

Hinzu kommen noch zahlreiche Nebenkosten für Büromaterialien, Telefonanlage, Kaffeemaschine usw. und die Kosten für die Renovierung der Räumlichkeiten, welche Daniel und Michael insgesamt mit 7.000,00 € berechnet haben.

Schließlich haben Daniel und Michael ausgerechnet, dass die Verkaufsräume mit aktuellen PC-Modellen und entsprechendem Zubehör ausgestattet werden müssen. Die Verkaufsräume sind sehr klein, aber voraussichtlich wird die Erstausstattung mit den topaktuellen Waren 15.000,00 € kosten. Die beiden angehenden Jungunternehmer sehen den Verkauf aber lediglich als Abrundung ihres Angebots an. Eigentlich wollen sie ihr Geld mit den Computerspielen verdienen.

Daniel und Michael kennen sich aus der Ausbildung zum Fachinformatiker, die sie in diesem Jahr beenden werden. Die beiden können zwar sehr gut mit Computern umgehen, aber im Umgang mit Zahlen sind sie nicht so gewandt. Daher haben sie Carolin in ihre Pläne eingeweiht. Schließlich besucht sie eine kaufmännisch ausgerichtete Fachoberschule und macht ein Praktikum in einem Wirtschaftsunternehmen und muss sich auskennen. Carolin hat eingewilligt, dass sie sich informieren wird, wie die beiden ihr großes Vorhaben in die Tat umsetzen können. Insbesondere heißt das natürlich, dass sie sich über mögliche Formen der Finanzierung informieren muss, denn Rücklagen weisen die Jungs keine auf. Die beiden haben Carolin aber gesagt, dass bei der Auswahl der Finanzierungsalternative natürlich die Kosten ein Kriterium sind. Andererseits möchten sie das Kapital möglichst langfristig zur Verfügung haben und gleichzeitig möglichst unabhängig in ihrem Unternehmen arbeiten.

Heute Abend wollen die drei sich treffen und Carolin hat sich um die Sache noch nicht kümmern können ...

Handlungsaufgaben

1. Geben Sie die drei Kriterien an, die für die Beurteilung der Finanzierungsalternativen von Daniel und Michael relevant sind.
2. Entscheiden Sie, ohne konkrete Prüfung bestimmter Finanzierungsalternativen, wie Daniel und Michael die drei Kriterien bei ihrer geplanten Finanzierung voraussichtlich abwägen müssen.
3. Überlegen Sie, ob eine Einlagen- oder Beteiligungsfinanzierung für Daniels und Michaels Vorhaben infrage kommen kann und welche Vor- und Nachteile diese Finanzierungsart hätte.
4. Überlegen Sie, ob eine Selbstfinanzierung für Daniels und Michaels Vorhaben infrage kommt.
   a) Beschreiben Sie kurz die wesentlichen Eigenschaften dieser Finanzierungsmöglichkeit.
   b) Geben Sie begründet an, warum eine solche Finanzierung infrage kommt oder auch nicht.
5. Überlegen Sie, ob eine Finanzierung durch Abschreibungen für Daniels und Michaels Vorhaben infrage kommt.
   a) Beschreiben Sie kurz die wesentlichen Eigenschaften dieser Finanzierungsmöglichkeit.
   b) Geben Sie begründet an, warum eine solche Finanzierung infrage kommt oder auch nicht.
6. Geben Sie die Kriterien an, die für die Aufnahme von Krediten als Fremdfinanzierungsvariante von Daniel und Michael vorab zu klären sind.
7. Geben Sie den Unterschied zwischen Personal- und Realkrediten mit eigenen Worten kurz wieder.

8. Überlegen Sie, ob eine Finanzierung durch ein Darlehen für Daniels und Michaels Vorhaben infrage kommt.
   a) Beschreiben Sie kurz die wesentlichen Eigenschaften dieser Finanzierungsmöglichkeit.
   b) Geben Sie begründet an, warum eine solche Finanzierung infrage kommt oder auch nicht.
9. Überlegen Sie, ob eine Finanzierung durch einen Lieferantenkredit für Daniels und Michaels Vorhaben infrage kommt.
   a) Beschreiben Sie kurz die wesentlichen Eigenschaften dieser Finanzierungsmöglichkeit.
   b) Geben Sie begründet an, warum eine solche Finanzierung infrage kommt oder auch nicht.
10. Überlegen Sie, ob eine Finanzierung durch Kontokorrentkredit für Daniels und Michaels Vorhaben infrage kommt.
   a) Beschreiben Sie kurz die wesentlichen Eigenschaften dieser Finanzierungsmöglichkeit.
   b) Geben Sie begründet an, warum eine solche Finanzierung infrage kommt oder auch nicht.
11. Fassen Sie zusammen, welche Finanzierungsmöglichkeiten für das Vorhaben von Daniel und Michael möglich sind, und geben Sie eine Empfehlung ab, die Carolin den beiden im Gespräch geben kann. Bereiten Sie das Gespräch vor und stellen Sie sich darauf ein, dass Sie das Gespräch mit Ihrer Tischnachbarin oder Ihrem Tischnachbarn vor der Klasse nachstellen.

Vertiefungs- und Anwendungsaufgaben

1. Daniel und Michael erhalten eine Rechnung vom Computergroßhändler Epple über brutto 15.000,00 €. Die Rechnung beinhaltet folgende Zahlungsbedingungen:
   „Zahlbar innerhalb von 7 Tagen bei 1,5 % Skonto oder innerhalb von 60 Tagen nach Erhalt dieser Rechnung ohne Abzug."
   Aus den Konditionen des unternehmerischen Bankkontos der beiden Jungunternehmer geht hervor, dass ihnen ein Kontokorrentkreditrahmen von 4.500,00 € zu 9,5 % eingeräumt wird. Darüber hinaus fallen Überziehungszinsen von insgesamt 15 % an.
   a) Berechnen Sie den möglichen Skontoertrag aus der Rechnung von Epple in Euro.
   b) Berechnen Sie den Jahreszinssatz, dem der mögliche Skontoertrag entsprechen würde.
   c) Berechnen Sie die Kosten für die Inanspruchnahme des Bankkredits und geben Sie begründet an, ob Skonto in Anspruch genommen werden sollte oder nicht.

2. Entscheiden Sie bei den folgenden Geschäftsvorfällen, welche Finanzierungsart vorliegt.

Geschäftsvorfall	Finanzierungsarten				
	Finanzierung durch Eigenkapital	Finanzierung durch Fremdkapital	Finanzierung durch Vermögensumschichtung	Innenfinanzierung	Außenfinanzierung
Aufnahme eines neuen OHG-Gesellschafters					
Aufnahme eines kurzfristigen Bankkredits					
Kauf eines Lkw aus Abschreibungsgegenwerten					
Verkauf nicht mehr benötigter Regale, um Warenvorräte aufzustocken					
Kauf von Waren auf Ziel für 5.000,00 €					
Einstellung des Gewinns in die freiwilligen Rücklagen					
Ausgabe neuer Aktien durch eine Aktiengesellschaft					

6.3 Wir nehmen Kredite auf

Als Carolin Saager am Freitag von der Arbeit nach Hause geht, sieht sie auf ihrem Smartphone eine Nachricht ihrer Freundin Jana Blume: „Hallo Carolin, habe nachher einen Banktermin! Benötige da deine Hilfe. Hast du Zeit?"

Carolin ruft Jana sofort an.

Jana: „Hallo Carolin, schön, dass du dich sofort meldest!"

Carolin: „Hi Jana! Das ist ist doch klar! Geht es bei deinem Termin um deinen Plan mit dem ‚Café Jana Blume'?"

Jana: „Ja, genau darum geht es. Der Termin ist um 17:00 Uhr bei der Schönstädter Stadtbank. Das erste Telefonat mit der Bank war positiv. Sie haben meine Unterlagen und meinen Businessplan gesichtet und denken, dass mein Konzept erfolgreich sein könnte."

Carolin: „Ein Café mit integriertem Blumenladen, schön dekoriert in einem Ecklokal in einem jungen Szeneviertel. Das wird definitiv klappen! Nur musst du es irgendwie bezahlen. Ich bin natürlich dabei und hoffe, dass wir das gemeinsam hinbekommen. Treffen wir uns um 16:55 Uhr vor der Bank?"

Jana: „Okay, super! Dann bis gleich!"

Jana und Carolin betreten die Bank und es empfängt sie der Sachbearbeiter Herr Turay. Nach den Vorstellungen und einigen grundsätzlichen Dingen zu Janas Vorhaben wird es interessant:

Herr Turay: „Dann kommen wir mal zum eigentlichen Thema, Frau Blume. Sie möchten für Ihr geplantes Café von uns einen Kredit zur Bewältigung der hohen finanziellen Belastung bei der Eröffnung. Was wollen Sie denn mit dem Geld anstellen?"

Jana: „Ich ... ich möchte das Café einrichten und auch den Blumenladen nebendran in dem kleinen Raum und überhaupt muss ja so viel gemacht werden. Auch an den Räumen und so."

Herr Turay: „Was heißt denn ‚einrichten' und ‚so viel gemacht werden' konkret?"

Carolin: „Also, in dem Laden war bis vor ein paar Monaten eine Eckkneipe. Jana muss also nun Geld für eine neue, dem Konzept angemessene Inneneinrichtung haben. Außerdem werden natürlich ein neuer Tresen, ein Spezialkaffeeautomat und eine Küche eingerichtet werden müssen. In den Toiletten müssen neue Fliesen gelegt werden und neue Armaturen eingebaut werden. In dem Nebenraum, der Blumenladen werden soll, muss dafür nicht so viel gemacht werden. Hier wird lediglich eine Durchgangstür aus Glas direkt zum Café installiert werden müssen."

Herr Turay: „Na, damit kann ich doch schon etwas anfangen. Können Sie das benötigte Kreditvolumen in etwa beziffern?"

Carolin: „Ja, wir haben das bereits gemeinsam durchgerechnet und sind auf etwa 30.000,00 € gekommen."

Herr Turay: „Wie viel Eigenkapital bringen Sie denn ein, Frau Blume?"

Jana: „Naja, ... äähm ... ich habe ja gerade meine Ausbildung zur Floristin absolviert, da habe ich ja nicht so viel verdient und da konnte ich ja auch nicht so sparen und so. Und jetzt mache ich ja gar nichts, ich möchte ja schon immer dieses Café aufmachen. Also, ich habe 4.000,00 €, die ich zusätzlich selbst einbringen kann. Aber das ist dann ja nur gerade so die Mietkaution für die Räume."

Herr Turay: „Tja, dann müssen wir den Kredit aber noch irgendwie absichern. Das ist Ihnen sicherlich klar."

Jana: „Ähm … wie ‚absichern'?"

Herr Turay: „Na, haben Sie irgendwelches anderweitiges Vermögen, das Sie uns als Sicherheit geben können? Ein Auto, ein Haus, eine Wohnung, teuren Schmuck, Edelmetalle, Guthaben aus Versicherungen oder Bausparverträgen?"

Jana: „Nein, so etwas habe ich leider nicht. Meine Eltern sind berufstätig und haben ein kleines Haus, welches abbezahlt ist."

Herr Turay: „Hm, … das ist aber nicht Ihr Haus. Dann wird das mit dem Kredit schon schwieriger. Sie haben dann nur noch zwei Möglichkeiten: Entweder Sie präsentieren uns einen oder mehrere solvente Bürginnen oder Bürgen, zum Beispiel Ihre Eltern, oder wir vereinbaren eine Sicherungsübereignung."

Jana: „… und das heißt?"

Herr Turay: „Das dauert jetzt wirklich sehr lange und ich habe gleich den nächsten Termin. Das hätte Ihnen doch aber klar sein müssen, dass Sie nicht einfach so Geld bekommen, ohne dass wir etwas in der Hand halten."

Carolin: „Ach, Jana, das kläre ich für dich. Vielen Dank, Herr Turay, wir melden uns morgen, wenn es Ihnen passt."

Herr Turay: „Das ist ein guter Vorschlag. Einen Moment … ja … um 18:00 Uhr?"

Jana: „Gut, das passt bei mir. Auf Wiedersehen!"

Carolin: „Ich kann da leider nicht mitkommen, aber wir werden das vorher einfach gemeinsam besprechen. Auf Wiedersehen, Herr Turay."

Herr Turay: „Auf Wiedersehen, bis morgen!"

Handlungsaufgaben

1. Carolin entschließt sich dazu, sich zunächst einmal in ihrem Lehrbuch über die Möglichkeiten der Kreditvergabe und die Vorschläge der Bank zu informieren. Vervollständigen Sie den folgenden Überblick über die möglichen Kreditarten.

   a) Unterschieden nach den Sicherheiten

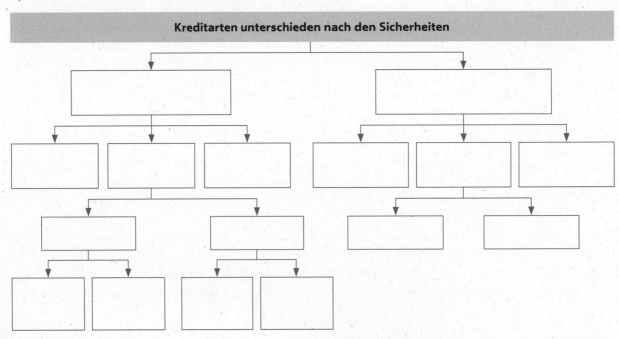

Kreditarten unterschieden nach den Sicherheiten

b) Unterschieden nach der Verfügbarkeit

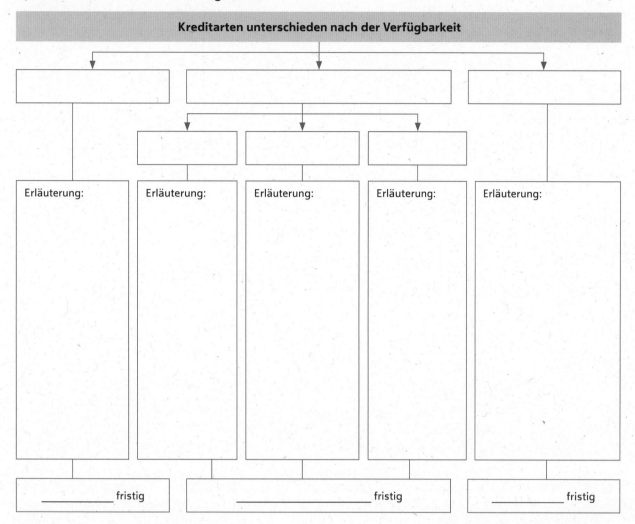

Kreditarten unterschieden nach der Verfügbarkeit

Erläuterung:

Erläuterung:

Erläuterung:

Erläuterung:

Erläuterung:

_____ fristig

_____ fristig

_____ fristig

2. Geben Sie an, welche Kreditarten Jana von der Bank nicht angeboten worden sind. Erläutern Sie die Grundlagen jeder Kreditart kurz und finden Sie die Gründe, warum diese Kreditarten nicht infrage kommen oder nicht angeboten worden sind. Bitte geben Sie ausführliche Antworten.

Kreditart	Grundlagen/Funktionsweise der Kreditart	Grund, warum diese Kreditart nicht angeboten wurde

Kreditart	Grundlagen/Funktionsweise der Kreditart	Grund, warum diese Kreditart nicht angeboten wurde

3. Nachdem Carolin geklärt hat, dass andere Kreditarten als die von Herrn Turay genannten nicht infrage kommen, möchte sie sich nun mit den möglichen Kreditarten genauer befassen. Informieren Sie sich in Ihrem Lehrbuch über die Möglichkeiten der Bürgschaft und erklären Sie den Ablauf der möglichen Formen von Bürgschaften bezogen auf Janas Fall mit eigenen Worten.

a) Ausfallbürgschaft

b) Selbstschuldnerische Bürgschaft

c) Geben Sie mit eigenen Worten wieder, worin genau die Sicherheit für die Bank bei einer Bürgschaft besteht.

d) Geben Sie an, welche Bürgschaft die Bank bevorzugen wird.

e) Geben Sie an, was Jana klären müsste, damit sie eine Bürgschaft in Anspruch nehmen kann.

f) Zeigen Sie auf, was es für eine Person bedeuten würde, für Janas geschäftliches Vorhaben zu bürgen.

4. Die zweite Möglichkeit der Absicherung des von Jana benötigten Kredits ist die Absicherung über eine Sicherungsübereignung.

a) Geben Sie an, wann eine Sicherungsübereignung als Kreditsicherheit infrage kommt.

b) Beschreiben Sie, wie dieses Kreditgeschäft im Detail ablaufen würde.

c) Geben Sie die Vor- und Nachteile der Sicherungsübereignung für Kreditgeber und Kreditnehmer an.

	Kreditgeber	Kreditnehmer
Vorteile		
Nachteile		

5. Carolin hat sich nun ausführlich vorbereitet und sich über die möglichen Kreditarten, die für Jana infrage kommen, informiert. Bereiten Sie stichpunktartig das Gespräch zwischen Jana und Carolin vor und sprechen Sie eine Empfehlung für Jana aus.

Vertiefungs- und Anwendungsaufgaben

1. Die Aufnahme von langfristigem Fremdkapital wird von der Unternehmensleitung der Hoffmann KG aufgrund der vorhandenen Sicherheiten als weitere Finanzierungsmöglichkeit angesehen.
   a) Erklären Sie, wie das Verwaltungsgrundstück als Sicherheit dienen könnte.
   b) Beschreiben Sie die Eckpunkte der beiden Möglichkeiten.

Entstehung		
Voraussetzung		
Haftung		
Löschung		

c) Nennen Sie begründet, welche Sicherungsart die Banken meist verlangen.

2. Ergänzen Sie die folgende Tabelle um die richtigen Begriffe.

Begriff	Erläuterung
	Für diese Art der fast immer kurzfristigen Kredite ist ausschließlich die Kreditwürdigkeit des Schuldners ausschlaggebend.
	Hier haften außer dem Schuldner noch weitere Personen.
	Hier ist die Einrede der Vorausklage ausgeschlossen.
	Die zusätzlich haftende Person muss erst zahlen, wenn gegen den Hauptschuldner die Zwangsvollstreckung erfolglos betrieben wurde.
	Der Drittschuldner wird von der Forderungsabtretung benachrichtigt.
	Der Drittschuldner zahlt – ohne Kenntnis der neuen Situation – nach wie vor an seinen Gläubiger, der das Geld anschließend an den neuen Gläubiger weiterleitet.
	Hier steht die dingliche Sicherung im Vordergrund.
	Zur Sicherung der Forderung schließt der Kreditgeber mit dem Schuldner einen Pfandvertrag.
	Der Schuldner bleibt zwar Besitzer einer Sache, der Kreditgeber wird aber Eigentümer.

6.4 Wir leasen Güter des Anlagevermögens

Handlungssituation

Dominik Schlote hat sich durch diverse gute Arbeiten für Frau Bertram ausgezeichnet. Heute bekommt er wieder einmal einen Spezialauftrag.

Frau Bertram: „Guten Morgen Herr Schlote, heute habe ich mal wieder einen Spezialauftrag für Sie!"

Dominik: „Oh, sehr schön! Worum geht es denn?"

Frau Bertram: „In der letzten Zeit haben wir viele Abteilungen mit diversen neuen Geräten ausgestattet und jetzt konnte ich in der Abteilungsleitungskonferenz endlich durchsetzen, dass auch wir in der Verwaltung etwas mehr Annehmlichkeiten erhalten. Ich habe mich dafür eingesetzt, dass wir endlich den Druckerraum neu ausstatten. Die drei alten Document-Center sollen an anderen Stellen im Unternehmen genutzt werden und wir erhalten drei neue Document-Center."

Dominik: „Das ist ja super. Dann können wir vielleicht endlich auch problemlos scannen und persönliche Druckaufträge erteilen."

Frau Bertram: „Genau das wird bald möglich sein. Und noch vieles mehr. Wir haben uns in der Konferenz auf ein paar Rahmenbedingungen für die Anschaffung geeinigt. Im Moment ist es sehr schwer, an Kredite zu kommen. Wir möchten außerdem eigentlich keine Kredite mehr aufnehmen, da unsere Eigenkapitalquote ohnehin schon bedenklich gering ist. Dies sollten wir bei der Anschaffung im Auge behalten. Hier können insbesondere Leasingangebote sehr interessant sein. Frau Bode hat ferner zu bedenken gegeben, dass bei derartigen Gerätschaften das Investitionsrisiko bei der Entscheidungsfindung beachtet werden müsse und dass bedacht werden muss, dass aufgrund technischer Fortschritte auch eine Anpassung möglich sein muss. Dies könne über entsprechende Vertragsgestaltungen gemacht werden."

Dominik: „Das hört sich ja so an, als ob es gar nicht so einfach wäre, diese Document-Center zu kaufen."

Frau Bertram: „Das ist korrekt. Aber die Frage ist ja, ob wir überhaupt kaufen. 20.000,00 € pro Gerät sind eine Menge Geld. Hinzu kommt das Risiko der Reparatur und Wartung, welches mit ca. 5 % im ersten Jahr zu beziffern ist und dann mit jedem weiteren Jahr aufgrund der Abnutzung der Maschinen um ca. 30 % ansteigt. Ein Kauf aus dem Eigenkapital ist aufgrund der angespannten Finanzlage keine Option."

Dominik: „Ach so, stimmt. Sie sagten ja auch etwas von Leasing."

Frau Bertram: „Ja, das sind interessante Modelle. Es liegen mir bereits drei Angebote vor. Zwei davon sind Leasingangebote. Informieren Sie sich bitte über Leasingmodelle. Anschließend prüfen Sie die Angebote und machen mir einen Vorschlag, welches für uns am besten geeignet ist. Ich könnte mir eine Nutzwertanalyse als Entscheidungshilfe gut vorstellen. Ach ja, ein wichtiger Aspekt ist noch, dass es schön wäre, wenn wir uns vertraglich nicht langfristig binden, um bei eventuellen Problemen mit den Maschinen oder mit unseren Finanzen kurzfristig reagieren zu können. Diese Document-Center sind schließlich nicht lebenswichtig für die Hoffmann KG."

Dominik: „Dann starte ich wohl am besten erst einmal damit, mich grundsätzlich über Leasing zu informieren. Damit kenne ich mich nämlich noch gar nicht gut aus."

Angebot 1:

KANICO MANOLTI LEASING

LEASINGANGEBOT

Wert der Leasingobjekte: 60.000,00 €
Grundmietzeit: 4 Jahre
monatliche Leasingrate: 1.560,00 €
Restkaufpreis nach Grundmietzeit: 9.000,00 €
Die Leasingraten werden jeweils am Monatsende fällig.

Die Kündigung des Vertrags ist nach Ablauf der Grundmietzeit jederzeit zum Beginn des übernächsten Monats möglich. Die Kündigung bedarf der Schriftform. Nach Ablauf der Grundmietzeit kann das Eigentum an den Leasingobjekten durch den Leasingnehmer gegen eine Zahlung von 9.000,00 € erworben werden. Sollte diese Option nicht in Anspruch genommen werden, wird der Wert der Leasingobjekte geprüft. Bei vereinbarter und sachgemäßer Nutzung beträgt der Restwert 7.500,00 €. Bei einem niedrigeren Restwert ist der Differenzbetrag vom Leasingnehmer zu begleichen.
Die monatliche Leasingrate beinhaltet ausschließlich die Gebrauchsüberlassung der Document-Center sowie alle im Zusammenhang mit dem Leasingvertrag stehenden Nebenleistungen von Kanico Manolti. Hierunter fallen ausdrücklich keine Reparatur- und Wartungskosten an den Leasingobjekten. Die Wartungen sind auf eigene Kosten des Leasingnehmers regelmäßig einmal jährlich vorzunehmen. Die Leasingobjekte bleiben während der gesamten Vertragslaufzeit unser Eigentum und gehen bei Beendigung dieses Vertrags auch wieder in unseren Besitz über.

Angebot 2:

EFFEKTIV LEASING

Leasingangebot

Wert der Leasingobjekte: 60.000,00 €
monatliche Leasingrate: 3,1 %

Die Leasingraten werden jeweils am Monatsende fällig. Eine Vertragsdauer wird nicht vereinbart.
Die Kündigung des Vertrags ist jederzeit zum Beginn des übernächsten Monats möglich.
Die Kündigung bedarf der Schriftform.
Die monatliche Leasingrate beinhaltet unseren 24-Stunden-Reparatur-und-Wartungsservice, sodass Sie kein Risiko für diese Kosten tragen. Die Leasingobjekte werden bei technischer Überholung auf Wunsch gegen Geräte auf dem technisch neuesten Stand aus unserem Haus ersetzt. Die Leasingobjekte bleiben während der gesamten Vertragslaufzeit unser Eigentum und gehen bei Beendigung dieses Vertrags auch wieder in unseren Besitz über.

Angebot 3:

Schönstädter Stadtbank

ANNUITÄTENDARLEHEN

Darlehenssumme: 60.000,00 €
Laufzeit: 5 Jahre
anfängliche Tilgung: 16,5 % im ersten Jahr
Zinssatz: 10 % der Restschuld am Jahresbeginn

Die Zinsen und die Tilgung (und im letzten Jahr die Abschlusszahlung) werden jährlich am Jahresende in einer Summe fällig. Die jährlichen Raten bleiben in den Folgejahren unverändert. Es ändert sich lediglich das Verhältnis von Zins zur Tilgung. Eine Kündigung ist während der Laufzeit nur durch Ablösung des Darlehens unter Zahlung einer Vorablöseentschädigung möglich.

Handlungsaufgaben

1. Leasingverträge können nach verschiedenen Kriterien unterschieden werden. Eine wichtige Unterscheidung ist die Unterscheidung in Operate- und Finance-Leasing nach den Verpflichtungen aus dem zugrunde liegenden Leasingvertrag. Informieren Sie sich über die beiden Leasingarten, die hier unterschieden werden, und vervollständigen Sie den folgenden tabellarischen Überblick:

Merkmal	Finance-Leasing	Operate-Leasing
Grundmietzeit		
Kündigung		
Wartung und Instandhaltung		

Merkmal	Finance-Leasing	Operate-Leasing
Risiko des Untergangs		
Kreditausfallrisiko		
Risiko der Verwendung (des Verkaufs) nach Ablauf des Leasings		

2. Eine weitere Unterscheidung von Leasingverträgen ist die Unterscheidung in direktes und indirektes Leasing. Informieren Sie sich über diese beiden Arten und geben Sie den Unterschied mit eigenen Worten wieder.

3. Sie sind jetzt schon bestens über die verschiedenen Arten von Leasingverträgen informiert. Nun müssen Sie die drei vorliegenden Angebote zur Finanzierung der Document-Center anhand der Informationen von Frau Bertram beurteilen. Schauen Sie noch einmal in die Handlungssituation und überlegen Sie, welche Faktoren für die Beurteilung relevant sind.

4. Betrachten Sie die Angebote zunächst einmal von der finanziellen Seite. Berechnen Sie die Kosten für die drei Finanzierungsangebote in den vorgefertigten Lösungstabellen.

Angebot 1: Kanico Manolti   Leasingangebot 1

Jahr	Restschuld	Leasing mtl.	Kosten	Reparatur und Wartung geschätzt
1	0,00 €			
2				
3				
4				
5				
Summe				
voraussichtliche Gesamtkosten				

Angebot 2: Effektiv   Leasingangebot 2

Jahr	Restschuld	Leasing mtl.	jährliche Kosten
1	0,00 €		
2			
3			
4			
5			
Gesamtkosten			

Angebot 3: Schönstädter Stadtbank   Annuitätendarlehen

Jahr	Restschuld	Tilgung	Zinsen	feste Kosten gesamt	Reparatur und Wartung geschätzt
1	60.000,00 €				
2					
3					
4					
5					
Gesamt					
voraussichtliche Gesamtkosten					

5. Die Angebote 1 und 2 sind Leasingangebote. Geben Sie an, um welche Arten von Leasing es sich handelt.

6. In der Lösungstabelle des zweiten Angebots steht „Gesamtkosten", in der Lösungstabelle des dritten Angebots „voraussichtliche Gesamtkosten". Erläutern Sie diesen Umstand.

7. a) Geben Sie kurz Vorteile und Nachteile des Leasings an.

   b) Geben Sie an, welchen Vorteil sowohl das Annuitätendarlehen als auch das Leasingangebot 1 (Kanico Manolti) gegenüber dem Leasingangebot 2 (Effektiv) bezüglich einer möglichen Verwertung der Document-Center bieten.

Vertiefungs- und Anwendungsaufgaben

1. Die Hoffmann KG möchte einen Lkw zur Auslieferung leasen. Unterscheiden Sie die beiden Finanzierungsarten Kredit und Leasing anhand der folgenden Merkmale.

	Leasing	Kredit
Bedarf an Geldmitteln		
laufende Liquiditäts- belastung		
Eigentumserwerb		
steuerliche Vorteile		
Sicherheit		

7 Personalprozesse

7.1 Wir führen eine quantitative Personalplanung durch

Handlungssituation

Herr Hoffmann lässt sich von der Verwaltungsleiterin Frau Schwab die quantitative Personalplanung für den Standort Darmstadt zeigen:

Es werden demnächst zwei Rückkehrer bzw. Rückkehrerinnen vom Bundesfreiwilligendienst und drei aus der Elternzeit als Zugang erwartet. Zwei Auszubildende werden übernommen. Als sichere Abgänge werden drei in den Mutterschutz gehende Beschäftigte erwartet. Fünf Mitarbeiter und Mitarbeiterinnen werden zum Monatsende in den Ruhestand gehen. Erfahrungsgemäß ist in dem Planungszeitraum mit weiteren drei Mitarbeiterinnen und Mitarbeitern zu rechnen, die die Filiale aus unterschiedlichen Gründen verlassen. Der aktuelle Personalbestand der Filiale beträgt zurzeit 31 Mitarbeiterinnen und Mitarbeiter. Laut Stellenplan hat die Filiale einen Personalbedarf von 33 Mitarbeiterinnen und Mitarbeitern.

Herr Hoffmann bittet Frau Schwab, den Nettopersonalbedarf des Standorts zu ermitteln und ihm konkrete Vorschläge für die Personalbeschaffung zu machen.

Handlungsaufgaben

1. Ermitteln Sie den Nettopersonalbedarf des Standorts Darmstadt. Nutzen Sie dazu das folgende Schema.

= Bruttopersonalbedarf	
= Nettopersonalbedarf	

2. Erläutern Sie die Ergebnisse der in Aufgabe 1 durchgeführten quantitativen Personalbedarfsplanung.
3. Machen Sie Vorschläge für die notwendigen Personalbeschaffungsmaßnahmen.

4. Stellen Sie Vorteile und Nachteile der internen Personalbeschaffung gegenüber.

Vorteile	Nachteile

5. Notieren Sie die Möglichkeiten, die die Hoffmann KG nutzen kann, um externe Bewerber/-innen für die zu besetzenden Stellen an ihrem Standort Darmstadt zu gewinnen.

6. Machen Sie Herrn Hoffmann einen Vorschlag für die Durchführung der notwendigen Personalbeschaffungsmaßnahmen für den Standort.

7.2 Wir gestalten eine Stellenanzeige für eine neu zu besetzende Stelle

Handlungssituation

Die Hoffmann KG möchte folgende Stellen neu besetzen:

- Sachbearbeiter/-in Einkauf Haushaltswäsche
- Sachbearbeiter/-in Verkauf Sport- und Freizeitartikel
- Außendienstmitarbeiter/-in Verkauf Haushaltswäsche

Carolin Saager und Dominik Schlote werden von der Leiterin der Verwaltungsabteilung, Frau Schwab, beauftragt, die Entwürfe für die Stellenanzeigen zu erstellen.

Handlungsaufgaben

1. Stellen Sie die Angaben zusammen, die ein Anforderungsprofil für eine zu besetzende Stelle enthalten sollte.

2. Erstellen Sie das Anforderungsprofil für die zu besetzende Stelle Sachbearbeiter/-in Einkauf Haushaltswäsche.

Stellenbezeichnung	

3. Erstellen Sie das Anforderungsprofil für die zu besetzende Stelle Sachbearbeiter/-in Verkauf Sport- und Freizeitartikel.

Stellenbezeichnung	

4. Erstellen Sie das Anforderungsprofil für die zu besetzende Stelle Außendienstmitarbeiter/-in Verkauf Haushaltswäsche.

Stellenbezeichnung	

5. Stellen Sie die Informationen, die eine Stellenanzeige enthalten sollte, in einer Übersicht zusammen.
6. Erstellen Sie einen Entwurf für die Stellenanzeige Sachbearbeiter/-in Einkauf Haushaltswäsche.
7. Erstellen Sie einen Entwurf für die Stellenanzeige Sachbearbeiter/-in Verkauf Sport- und Freizeitartikel.
8. Erstellen Sie einen Entwurf für die Stellenanzeige Außendienstmitarbeiter/-in Verkauf Haushalts-wäsche.

7.3 Wir wählen Stellenbewerberinnen und -bewerber für ein Vorstellungsgespräch aus

Handlungssituation

Die Hoffmann KG benötigt eine neue Sachbearbeiterin bzw. einen neuen Sachbearbeiter im Einkauf Haushaltswäsche. Auf die von Carolin Saager und Dominik Schlote entworfene Stellenanzeige haben sich vier Personen beworben.

Wir haben ehrgeizige Ziele und sind an aktiven Mitarbeitenden interessiert.
Wir suchen ab sofort

eine Sachbearbeiterin/einen Sachbearbeiter (m/w/d) für den Bereich Einkauf Haushaltswäsche

Die an Sie gestellten Aufgaben umfassen:
- Anfragen, Einholen und Auswerten von Angeboten
- dispositive kaufmännische Bestell-abwicklung
- kaufmännische Bearbeitung von Reklamationen
- Stammdatenpflege

Wir erwarten von Ihnen:
- überdurchschnittliche Einsatzbereit-schaft

- umfangreiche Fachkenntnisse in der Warengruppe Haushaltswäsche
- Erfahrungen im Einkauf
- weitgehend selbstständiges, kreatives Arbeiten
- sicheres Auftreten, Durchsetzungs-vermögen

Wir bieten Ihnen:
- teamorientiertes Arbeiten
- leistungsgerechte Bezahlung
- interessante Sozialleistungen

Bewerbungen mit Lebenslauf und Zeugnis-sen richten Sie bitte an:

Hoffmann KG

Frau Schwab – Bergener Str. 6 a – 60547 Frankfurt am Main

Die Leiterin der Personalabteilung, Frau Schwab, bittet Carolin und Dominik, sie bei der Auswahl der neuen Sachbearbeiterin oder des neuen Sachbearbeiters zu unterstützen. Sie beauftragt die beiden,

- die eingegangenen Bewerbungsunterlagen auf Vollständigkeit zu überprüfen und
- eine Vorauswahl für ein Vorstellungsgespräch vorzunehmen.

1. Stellen Sie fest, welche Unterlagen bei einer schriftlichen Bewerbung eingereicht werden müssen.
2. Stellen Sie Kriterien für die Bewertung der Bewerbungsunterlagen in einer Übersicht zusammen.
3. Bewerten Sie die eingegangenen Bewerbungsunterlagen auf der Grundlage dieser Kriterien und treffen Sie auf der Grundlage der Bewerbungsunterlagen eine begründete Vorauswahl für ein Vorstellungsgespräch.

Bewerbung 1

Katharina Schrader

Hogrefestraße 9
35390 Gießen
Telefon 0641 709235

Hoffmann KG
Frau Schwab
Bergener Str. 6 a
60547 Frankfurt am Main

17. Mai 20..

Bewerbung um die Stelle als Sachbearbeiterin Einkauf Haushaltswäsche

Sehr geehrte Frau Schwab,

aufgrund Ihrer Anzeige in der Allgemeinen Zeitung vom 14. Mai 20.. bewerbe ich mich um die Stelle als Sachbearbeiterin Einkauf Haushaltswäsche.

Bis zum 30. April 20.. war ich bei der Großhandlung Freimund KG in Gießen, Albaniplatz 14, als Sachbearbeiterin im Einkauf tätig. Hier konnte ich mir die Warenkenntnisse und Erfahrungen im Einkauf aneignen, die für die von Ihnen ausgeschriebene Stelle erforderlich sind.

Nähere Einzelheiten über meine Person und meinen beruflichen Werdegang können Sie meinem Lebenslauf und dem beigefügten Zeugnis entnehmen.

Ich wäre Ihnen dankbar, wenn Sie meine Bewerbung berücksichtigen würden.
Zu einer persönlichen Vorstellung bin ich jederzeit bereit.

Mit freundlichem Gruß

Anlagen

Lebenslauf

Persönliche Daten

Name:	Katharina Schrader
Geburtsdatum:	27. April 1984
Geburtsort:	Alfeld/Leine
Familienstand:	ledig

Schulbildung

Grundschule	1. August 1990 bis 31. Juli 1994
	Grundschule Alfeld/Leine
Realschule	vom 1. August 1994 bis 31. Juli 2000
	Käthe-Kollwitz-Realschule Alfeld/Leine

Berufsausbildung

Ausbildung:	1. August 2000 bis 31. Mai 2003
	Ausbildung zur Kauffrau für Büromanagement
	bei der Sanitärgroßhandlung Freitag OHG,
	Schuhstraße 18, Hildesheim

Berufstätigkeit

Aufgabenbereich	1. Juni 2003 bis 30. April 20.. bei der Großhandlung Freimund KG, Gießen, Albaniplatz 14, Sachbearbeiterin im Einkauf

Gießen, 17. Mai 20..

Arbeitszeugnis für Katharina Schrader

Frau Katharina Schrader, geboren am 27. April 1984 in Alfeld/Leine, war vom 1. Juni 2003 bis 30. April 20.. als Sachbearbeiterin im Einkauf unseres Unternehmens in Gießen beschäftigt.

Ihr Aufgabengebiet umfasste:

- Einholen und Auswerten von Angeboten
- Bestellabwicklung
- Terminüberwachung
- kaufmännische Bearbeitung von Reklamationen
- Erfassen und Pflege von Artikel- und Lieferantenstammdaten

Frau Schrader verfügt über ein äußerst umfassendes und hervorragendes Fachwissen, das sie zur Bewältigung ihrer Aufgaben stets sehr sicher und erfolgreich einsetzte. Sie hat sich innerhalb kürzester Zeit in ihren gestellten Aufgabenbereich eingearbeitet. Sie war äußerst zuverlässig. Dabei war sie auch höchstem Zeitdruck und Arbeitsaufwand stets gewachsen. Sie beeindruckte stets durch qualitativ und quantitativ hervorragende Ergebnisse. Frau Schrader hat die ihr übertragenen Aufgaben stets zu unserer vollsten Zufriedenheit erledigt. Ihr Verhalten gegenüber Vorgesetzten, Kolleginnen und Kollegen und Kunden war stets hervorragend.
Frau Schrader verlässt unser Unternehmen auf eigenen Wunsch.
Wir danken Frau Schrader für die stets hervorragende Zusammenarbeit und bedauern es sehr, sie als Mitarbeiterin zu verlieren. Für ihren weiteren Berufs- und Lebensweg wünschen wir ihr alles Gute und auch weiterhin viel Erfolg.

Großhandlung Freimund KG

Claudia Freimund

Bewerbung 2

Julia Gerber

Gustav-Freytag-Straße 6
30168 Hannover
Telefon 0511 657092

Hoffmann KG
Frau Schwab
Bergener Str. 6 a
60547 Frankfurt am Main

18. Mai 20..

Bewerbung

Sehr geehrte Frau Schwab,

aufgrund Ihrer Anzeige in der Allgemeinen Zeitung vom 14. Mai 20.. bewerbe ich mich um die Stelle als Sachbearbeiterin im Einkauf. Bis zum 30.06.2020 war ich bei der Wäschemanufaktur Schütt GmbH in Hannover, Schützenplatz 12, als Sachbearbeiterin im Einkauf tätig. Hier konnte ich mir die Warenkenntnisse und kaufmännischen Erfahrungen aneignen, die für die von Ihnen ausgeschriebene Stelle erforderlich sind.

Nähere Einzelheiten über meine Person und meinen beruflichen Werdegang können Sie meinem Lebenslauf und dem beigefügten Zeugnis entnehmen.

Ich wäre Ihnen dankbar, wenn Sie meine Bewerbung berücksichtigen würden.
Zu einer persönlichen Vorstellung bin ich jederzeit bereit.

Mit freundlichem Gruß

Anlagen

Lebenslauf

Persönliche Daten

Name:	Julia Gerber
Geburtsdatum:	15. Juli 1995
Geburtsort:	Göttingen
Familienstand:	verheiratet

Schulbildung

Grundschule:	1. August 2001 bis 31. Juli 2005 Reichweinschule Göttingen
Realschule:	1. August 2005 bis 31. Juli 2011 Hanna-Voigt-Schule Göttingen

Berufsausbildung

Ausbildung:	1. August 2011 bis 31. Mai 2014 Ausbildung zur Kauffrau im Groß- und Außenhandel bei der Sanitärgroßhandlung Weidemann KG, Goethestraße 4, Göttingen

Berufstätigkeit

Aufgabenbereich:	1. Juni 2014 bis 30. Juni 20.. bei der Firma Wäschemanufaktur Schütt als Einkaufssachbearbeiterin

Hannover, 18. Mai 20..

Arbeitszeugnis für Julia Gerber

Frau Julia Gerber, geboren am 15. Juli 1995 in Göttingen, war vom dem 01. Juni. 2014 bis 30. Juni 20.. als Einkaufssachbearbeiterin in unserem Unternehmen tätig.

Ihr Aufgabengebiet umfasste:

- Einholen und Auswerten von Angeboten
- dispositive kaufmännische Bestellabwicklung
- Sicherung und Kontrolle von Lieferterminen
- Bearbeitung von Reklamationen

Frau Gerber verfügt über ein den Anforderungen entsprechendes Fachwissen. Sie hat sich unseren Erwartungen entsprechend in den ihr gestellten Aufgabenbereich eingearbeitet. Sie war zuverlässig und erledigte die entscheidenden Aufgaben problemlos. Dabei war sie üblichem Zeitdruck und Arbeitsaufwand gewachsen. Sie strebte gute Ergebnisse an. Frau Gerber hat die ihr übertragenen Aufgaben zu unserer Zufriedenheit erledigt. Ihr Verhalten gegenüber Kolleginnen und Kollegen und Vorgesetzten war zufriedenstellend.

Frau Gerber verlässt unser Unternehmen im gegenseitigen Einvernehmen.
Wir danken Frau Gerber für die erbrachte Leistung und wünschen ihr für die Zukunft weiterhin alles Gute.

Wäschemanufaktur Schütt

Schneider

Bewerbung 3

Juliane Döpfner

Eichenstraße 6
34125 Kassel
Telefon 0561 452261

Hoffmann KG
Frau Schwab
Bergener Str. 6 a
60547 Frankfurt am Main

17. Mai 20..

Bewerbung

Sehr geehrte Frau Schwab,

aufgrund Ihrer Anzeige in der Allgemeinen Zeitung vom 14. Mai 20.. bewerbe ich mich um die Stelle als Sachbearbeiterin im Einkauf.

Bis zum 30. März 2021 war ich noch bei der Textilgroßhandlung Wolff OHG in Kassel als Einkaufssachbearbeiterin tätig. Hier konnte ich mir die Warenkenntnisse und kaufmännischen Erfahrungen aneignen, die für die von Ihnen ausgeschriebene Stelle erforderlich sind.

Nähere Einzelheiten über meine Person und meinen beruflichen Werdegang können Sie meinem Lebenslauf und dem beigefügten Zeugnis entnehmen.

Ich könnte die Stelle in Ihrem Geschäft frühestens am 1. Juni 20.. antreten.

Ich wäre Ihnen dankbar, wenn Sie meine Bewerbung berücksichtigen würden.

Zu einer persönlichen Vorstellung bin ich jederzeit bereit.

Mit freundlichem Gruß

Anlagen

Lebenslauf

Persönliche Daten

Name:	Juliane Döpfner
Geburtsdatum:	17. November 1995
Geburtsort:	Kassel
Familienstand:	ledig

Schulbildung

Grundschule:	1. August 2002 bis 31. Juli 2006 Heinrich-Böll-Schule Kassel
Realschule	1. August 2006 bis 31. Juli 2012 Vosset-Realschule Kassel

Berufsausbildung

Ausbildung:	vom 1. August 2012 bis 31. Juli 2015 Ausbildung zur Kauffrau im Groß- und Außenhandel bei der Bürobedarfsgroßhandlung Müller & Co., Neumarkt 14, Kassel

Berufstätigkeit

Aufgabenbereich	1. August 2015 bis 30. März 20.. bei der Textilgroßhandlung Wolf OHG als Sachbearbeiterin im Einkauf

Kassel, 17. Mai 20..

Arbeitszeugnis für Juliane Döpfner

Frau Juliane Döpfner, geboren am 17. November 1995 in Kassel, war vom 1. August 2015 bis 30. März 20.. als Einkaufssachbearbeiterin in unserem Unternehmen beschäftigt.

Zu ihren Aufgaben gehörten:

- Einholen und Auswerten von Angeboten
- dispositive kaufmännische Bestellabwicklung
- Sicherung und Kontrolle von Terminen
- kaufmännische Bearbeitung von Reklamationen
- Stammdatenpflege

Frau Döpfner verfügt über ein umfassendes und gutes Fachwissen, das sie zur Bewältigung ihrer Aufgaben sehr sicher und erfolgreich einsetzte. Sie hat sich innerhalb kurzer Zeit in den ihr gestellten Aufgabenbereich eingearbeitet. Sie verfolgte die vereinbarten Ziele nachhaltig und erfolgreich. Sie war sehr zuverlässig und ihr Arbeitsstil war stets geprägt durch sorgfältige Planung und Systematik. Dabei war sie auch erhöhtem Zeitdruck und Arbeitsaufwand gut gewachsen. Sie lieferte stets qualitativ und quantitativ gute Ergebnisse. Frau Döpfner hat die ihr übertragenen Aufgaben stets zu unserer vollen Zufriedenheit erledigt. Ihr Verhalten gegenüber Vorgesetzten, Kolleginnen und Kollegen und Kunden war stets einwandfrei.

Frau Döpfner verlässt unser Unternehmen auf eigenen Wunsch.

Wir danken Frau Döpfner für ihre wertvolle Mitarbeit und bedauern es, sie als Mitarbeiterin zu verlieren. Für ihren weiteren Berufs- und Lebensweg wünschen wir ihr alles Gute und auch weiterhin viel Erfolg.

Textilgroßhandlung Wolf OHG

Waltraud Wolf

Bewerbung 4

Matthias Conrad

Wiesenstraße 14
60317 Frankfurt am Main
Telefon 069 543322

Hoffmann KG
Frau Schwab
Bergener Str. 6 a
60547 Frankfurt

18. Mai 20..

Bewerbung

Sehr geehrte Frau Schwab,

aufgrund Ihrer Anzeige in der Allgemeinen Zeitung vom 14. Mai 20.. bewerbe ich mich um die Stelle als Sachbearbeiter im Einkauf.

In der Zeit vom 1. Juni 2012 bis zum 30. September 20.. war ich noch beim Baufachmarkt „Realkauf" in Frankfurt als Einkäufer tätig. Hier konnte ich mir die Warenkenntnisse und kaufmännischen Erfahrungen aneignen, die für die von Ihnen ausgeschriebene Stelle erforderlich sind.

Nähere Einzelheiten über meine Person und meinen beruflichen Werdegang können Sie meinem Lebenslauf und dem beigefügten Zeugnis entnehmen.

Ich wäre Ihnen dankbar, wenn Sie meine Bewerbung berücksichtigen würden.

Zu einer persönlichen Vorstellung bin ich jederzeit bereit.

Mit freundlichem Gruß

Anlagen

Lebenslauf

Persönliche Daten

Name:	Matthias Conrad
Geburtsdatum:	15. Mai 1993
Geburtsort:	Bremen
Familienstand:	verheiratet

Schulbildung

Grundschule:	1. August 1999 bis 31. Juli 2003
	Grundschule Bremen-Vegesack
Realschule	1. August 2003 bis 31. Juli 2009
	Realschule Neue Vah

Berufsausbildung

Ausbildung:	1. August 2009 bis 31. Mai 2012
	Ausbildung zum Kaufmann im Groß- und Außenhandel
	bei der Früchtegroßhandlung „Frischkauf",
	Schusterstraße 28, Bremen

Berufstätigkeit

Tätigkeit	1. Juni 2012 bis 30. September 20.. bei der Firma
	„Realkauf", Frankfurt, als Einkäufer

Frankfurt, 17. Mai 20..

Arbeitszeugnis für Herrn Matthias Conrad

Herr Matthias Conrad, geboren am 15. Mai 1993 in Bremen, war vom 1. Juni 2012 bis 30. September 20.. als Mitarbeiter im Einkauf unseres Unternehmens beschäftigt.

Sein Aufgabengebiet umfasste:

- Bestellabwicklung
- Kontrolle von Terminen
- Bearbeitung von Reklamationen

Herr Conrad verfügt über ein solides Fachwissen, das er zur Bewältigung seiner Aufgaben erfolgreich einsetzte. Er hat sich engagiert in den ihm gestellten Aufgabenbereich eingearbeitet und verfolgte die vereinbarten Ziele nachhaltig. Er war zuverlässig. Dabei war er auch hohem Zeitdruck und Arbeitsaufwand gewachsen. Die Qualität seiner Arbeitsergebnisse erfüllte in vollem Umfang die an ihn gestellten Anforderungen. Herr Conrad hat die ihm übertragenen Aufgaben zu unserer vollen Zufriedenheit erledigt. Sein Verhalten gegenüber Vorgesetzten, Kolleginnen und Kollegen und Kunden war einwandfrei.

Das Arbeitsverhältnis endet aus betriebsbedingten Gründen zum 30. September 2020.

Wir danken Herrn Conrad für die erbrachte Leistung und wünschen ihm für die Zukunft weiterhin alles Gute.

Realkauf

Lehmann

7.4 Wir treffen eine Auswahlentscheidung für die ausgeschriebene Stelle

Handlungssituation

Auf die Anzeige für die Stelle „Sachbearbeiterin/Sachbearbeiter Einkauf Haushaltswäsche" haben sich vier Personen beworben. Von diesen vier Personen haben Carolin Saager und Dominik Schlote nach Rücksprache mit der Leiterin der Personalabteilung, Frau Schwab, zwei Bewerberinnen bzw. Bewerber eingeladen.

Diese Vorstellungsgespräche wird Frau Schwab durchführen. Sie bittet Carolin und Dominik, sie zu unterstützen und die Vorstellungsgespräche vorzubereiten.

Handlungsaufgaben

1. Erstellen Sie einen Ablaufplan für die Vorstellungsgespräche.
2. Stellen Sie fest, welche Inhalte Frau Schwab in den einzelnen Phasen des Vorstellungsgesprächs ansprechen sollte.
3. Sammeln Sie Beurteilungskriterien für ein Vorstellungsgespräch.
4. Versetzen Sie sich in die Rolle von Frau Schwab und führen Sie zwei Vorstellungsgespräche mit den oben ausgewählten Bewerberinnen oder Bewerbern in einem Rollenspiel durch. Werten Sie die Vorstellungsgespräche unter Berücksichtigung der in Aufgabe 3 gesammelten Kriterien aus.
5. Treffen Sie nach den durchgeführten Vorstellungsgesprächen eine begründete Auswahlentscheidung für die ausgeschriebene Stelle.

7.5 Wir bereiten die Einstellung eines neuen Mitarbeiters oder einer neuen Mitarbeiterin vor

Handlungssituation

Die Leiterin der Personalabteilung, Frau Schwab, bittet Carolin Saager, die Einstellung der neuen Sachbearbeiterin Einkauf Haushaltswäsche bzw. des neuen Sachbearbeiters Einkauf Haushaltswäsche vorzubereiten und einen Arbeitsvertragsentwurf zu erstellen.

1. Stellen Sie fest, welche Personen bei der Einstellung der neuen Mitarbeiterin oder des neuen Mitarbeiters beteiligt werden müssen.
2. Erstellen Sie eine Übersicht der wesentlichen Inhalte eines Arbeitsvertrags.
3. Erstellen Sie eine Übersicht der Bestimmungen des Arbeitszeitgesetzes und des Bundesurlaubsgesetzes, die bei der Gestaltung des Arbeitsvertrags berücksichtigt werden müssen. Nutzen Sie dazu Informationen zum Arbeitszeitgesetz im Internet und den folgenden Auszug aus dem Bundesurlaubsgesetz.

Auszug aus dem Mindesturlaubsgesetz für Arbeitnehmer (Bundesurlaubsgesetz)
§ 3 Dauer des Urlaubs

(1) Der Urlaub beträgt jährlich mindestens 24 Werktage.
(2) Als Werktage gelten alle Kalendertage, die nicht Sonn- oder gesetzliche Feiertage sind.

4. Stellen Sie die Bestimmungen des für die Hoffmann KG maßgeblichen Tarifvertrags zusammen, die bei der Festlegung der Gehaltshöhe und der Arbeitszeit im Arbeitsvertrag für die Sachbearbeiterin Einkauf Haushaltswäsche bzw. des neuen Sachbearbeiters Einkauf Haushaltswäsche beachtet werden müssen. Nutzen Sie dazu die folgenden Informationen zum Manteltarifvertrag und zum Lohn- und Gehaltstarifvertrag für Unternehmen des Großhandels.

Tarifbereich/Branche **Groß- und Außenhandel**

[...]

Fachlicher Geltungsbereich
Die Tarifverträge gelten für Groß- und Außenhandelsunternehmen einschließlich der Hilfs- und Nebenbetriebe. Sie gelten auch für die Groß- und Außenhandelsunternehmen, die im Rahmen ihres Handelsgeschäfts Nebenleistungen erbringen, wie z. B.: Brenn-, Säg-, Bohr-, Schneid-, Fräs-, Spalt-, Stahlbiege- und Flechtarbeiten, Montage, Instandhaltung und Instandsetzung, Holz- und Holzschutzarbeiten, Vermietung von Maschinen, auch Baumaschinen mit Bedienungspersonal.

Laufzeit des Manteltarifvertrags: gültig ab 01.10.2007 – in der Fassung ab 01.01.2012
Laufzeit des Lohn- und Gehaltstarifvertrags: gültig ab 01.05.2021 – kündbar zum 30.04.2023 (einschl. Ausbildungsvergütung)

[...]

Höhe der Monatsgehälter für Angestellte		
ab 01.05.2021	ab 01.10.2021	ab 01.04.2022
Unterste Gehaltsgruppe ohne Berufsausbildung, überwiegend schematische oder mechanische Tätigkeiten		
2.026,00 € bis 2.475,00 €	2.087,00 € bis 2.549,00 €	2.122,00 € bis 2.592,00 €
Einstieg nach Ausbildung abgeschlossene Ausbildung als Kaufmann/-frau im Groß- und Außenhandel, Bürokaufmann/-frau oder eine gleichwertige Ausbildung; nach mindestens 4-jähriger entsprechender praktischer Tätigkeit kann eine Gleichstellung erfolgen.		
im 1. und 2. Jahr 2.305,00 €	2.374,00 €	2.414,00 €
im 3. und 4. Jahr 2.424,00 €	2.497,00 €	2.539,00 €
im 5. und 6. Jahr 2.608,00 €	2.686,00 €	2.732,00 €
ab 7. Jahr 2.850,00 €	2.936,00 €	2.986,00 €
Höchste Gehaltsgruppe selbstständiges und verantwortliches Bearbeiten eines Aufgabenbereiches und vielseitige Fachkenntnisse auch in angrenzenden Bereichen und Berufserfahrung; entsprechende verantwortliche Spezialistentätigkeit		
4.452,00 € bis 5.116,00 €	4.586,00 € bis 5.269,00 €	4.664,00 € bis 5.359,00 €

[...]

Wöchentliche Regelarbeitszeit
38,5 Stunden

Urlaubsdauer
36 Werktage

zusätzliches Urlaubsgeld
im Jahr 2002 € 613,55; ab dem Jahr 2003 € 643,55
Auszubildende erhalten im Jahr 2002 € 460,16 und ab dem Jahr 2003 € 480,00.

Jahressonderzahlung (Weihnachtsgeld)
433,92 €
Auszubildende erhalten 216,96 €.

Vermögenswirksame Leistung
26,59 € Arbeitgeberanteil je Monat

Quelle: Ministerium für Arbeit, Integration und Soziales des Landes Nordrhein-Westfalen: Tarifbereich/Branche Groß-
und Außenhandel, S. 1–2, online unter: https://tarifregister.nrw.de/material/gross_aussen1.pdf [10.07.2024].

5. Erstellen Sie den Arbeitsvertragsentwurf.

Arbeitsvertrag

Zwischen

_____

(Name und Adresse des Arbeitgebers)
(ggf. vertreten durch)

_____

nachfolgend „Arbeitgeber" genannt –

und
Herrn/Frau

_____

wohnhaft

_____

nachfolgend „Arbeitnehmer" genannt –

wird folgender Arbeitsvertrag geschlossen:

I.   Beginn des Arbeitsverhältnisses
Das Arbeitsverhältnis beginnt am _____

II. Tätigkeit und Ort
Der Arbeitnehmer wird als _____
eingestellt und ist vor allem mit folgenden Arbeiten beschäftigt:

_____

_____

Er verpflichtet sich, auch andere Arbeiten auszuführen, die seinen Vorkenntnissen und Fähigkeiten entsprechen. Dies gilt, soweit dies bei Abwägung der Interessen des Arbeitgebers und des Arbeitnehmers zumutbar ist. Der Arbeitgeber ist berechtigt, nach billigem Ermessen einen anderen Arbeitsort zuzuweisen.

III. Probezeit
Das Arbeitsverhältnis wird auf unbestimmte Zeit geschlossen. Die ersten sechs Monate gelten als Probezeit. Während der Probezeit kann das Arbeitsverhältnis beiderseits mit einer Frist von zwei Wochen gekündigt werden.

IV. Arbeitszeit
Die regelmäßige wöchentliche Arbeitszeit beträgt _____ Stunden. Beginn und Ende der täglichen Arbeitszeit richten sich nach der betrieblichen Einteilung, die im Ermessen des Arbeitsgebers liegt.

V.   Arbeitsvergütung
Der Arbeitnehmer erhält eine monatliche Bruttovergütung von _____ €.
Diese ist zum Ende des jeweiligen Kalendermonats fällig und wird – wie sämtliche folgenden Gehaltsbestandteile – bargeldlos auf das Konto des Arbeitnehmers eingezahlt.

Leistet der Arbeitgeber über das in Absatz 1 genannte Monatsentgelt hinaus Gratifikationen, Boni oder sonstige zusätzliche Sonderzahlungen, die nicht zuvor individuell vereinbart worden sind, handelt es sich um freiwillige Leistungen des Arbeitgebers aufgrund einer jeweils gesondert getroffenen Entscheidung.

VI. Urlaub

Der Arbeitnehmer hat Anspruch auf einen gesetzlichen Mindesturlaub von derzeit _____ Arbeitstagen im Kalenderjahr – ausgehend von einer Fünf-Tage-Woche.
Der Arbeitgeber gewährt zusätzlich einen vertraglichen Urlaub von weiteren _____ Arbeitstagen. Bei der Gewährung von Urlaub wird zuerst der gesetzliche Urlaub eingebracht. Der vertragliche Zusatzurlaub mindert sich für jeden vollen Monat, in dem der Arbeitnehmer keinen Anspruch auf Entgelt bzw. Entgeltfortzahlung hat oder bei Ruhen des Arbeitsverhältnisses um ein Zwölftel. Im Ein- und Austrittsjahr erhält der Arbeitnehmer für jeden vollen Beschäftigungsmonat ein Zwölftel des vertraglichen Zusatzurlaubs. Für den vertraglichen Zusatzurlaub gilt abweichend von dem gesetzlichen Mindesturlaub, dass der Urlaubsanspruch mit Ablauf des Übertragungszeitraums am 31. März des Folgejahres auch dann verfällt, wenn er wegen Arbeitsunfähigkeit des Arbeitnehmers nicht genommen werden kann.
Bei Beendigung des Arbeitsverhältnisses sind verbleibende Urlaubsansprüche innerhalb der Kündigungsfrist abzubauen, soweit dies möglich ist. Der vertragliche Zusatzurlaub erlischt mit Beendigung des Arbeitsverhältnisses.
Die rechtliche Behandlung des Urlaubs richtet sich im Übrigen nach den gesetzlichen Bestimmungen.

VII. Krankheit

Die Entgeltfortzahlung im Krankheitsfall richtet sich nach den gesetzlichen Bestimmungen. Die Arbeitsverhinderung ist dem Arbeitgeber unverzüglich mitzuteilen. Dauert die Arbeitsunfähigkeit länger als drei Kalendertage, hat der Arbeitnehmer eine ärztliche Bescheinigung über das Bestehen sowie deren voraussichtliche Dauer spätestens an dem auf den dritten Kalendertag folgenden Arbeitstag vorzulegen.
Die Vorlagepflicht gilt nicht für Arbeitnehmer, die Versicherte einer gesetzlichen Krankenkasse sind, wenn der behandelnde Arzt die Bescheinigung per eAU an die gesetzliche Krankenversicherung weiterleitet.
Die Nachweispflichten gelten auch nach Ablauf der sechs Wochen Entgeltfortzahlung. Der Arbeitgeber ist berechtigt, die Vorlage der Arbeitsunfähigkeitsbescheinigung früher zu verlangen..

VIII. Verschwiegenheitspflicht

Der Arbeitnehmer verpflichtet sich, während der Dauer des Arbeitsverhältnisses und auch nach dem Ausscheiden, über alle Geschäftsgeheimnisse sowie betriebliche Angelegenheiten vertraulicher Natur Stillschweigen zu bewahren. Verstößt der Arbeitnehmer gegen seine Verschwiegenheitspflicht, kann dies zur Kündigung führen.

IX. Nebentätigkeit

Jede entgeltliche oder das Arbeitsverhältnis beeinträchtigende Nebenbeschäftigung ist nur mit Zustimmung des Arbeitgebers zulässig.

X. Beendigung des Arbeitsverhältnisses

Die Beendigung des Arbeitsverhältnisses bedarf für ihre Wirksamkeit der Schriftform, die elektronische Form ist ausgeschlossen.
Nach Ablauf der Probezeit finden die gesetzlichen Kündigungsfristen (§ 622 BGB) Anwendung. Danach kann ein Arbeitsverhältnis mit einer Kündigungsfrist von vier Wochen zum Fünfzehnten oder zum Ende eines Kalendermonats gekündigt werden.

Der Arbeitgeber ist berechtigt, den Arbeitnehmer bis zur Beendigung des Arbeitsverhältnisses freizustellen. Die Freistellung erfolgt unter Anrechnung der dem Arbeitnehmer eventuell noch zustehenden Urlaubsansprüche sowie eventueller Guthaben auf dem Arbeitszeitkonto. In der Zeit der Freistellung hat sich der Arbeitnehmer einen durch Verwendung seiner Arbeitskraft erzielten Verdienst auf den Vergütungsanspruch gegenüber dem Arbeitgeber anrechnen zu lassen.

Das Arbeitsverhältnis endet ohne Kündigung spätestens mit Ablauf des Monats, in dem der Arbeitnehmer das für ihn gesetzlich festgelegte Renteneintrittsalter vollendet hat.

Das Recht zur außerordentlichen Kündigung bleibt unberührt

XI. Vertragsstrafe

Der Arbeitnehmer verpflichtet sich für den Fall, dass er das Arbeitsverhältnis nicht oder verspätet antritt, die Arbeit unberechtigt vorübergehend verweigert, das Arbeitsverhältnis vertragswidrig beendet oder den Arbeitgeber durch vertragswidriges Verhalten zur außerordentlichen Kündigung veranlasst, dem Arbeitgeber eine Vertragsstrafe zu zahlen. Die Vertragsstrafe ist der Höhe nach auf maximal eine Bruttomonatsvergütung gemäß V beschränkt.

XII. Verfall-/Ausschlussfristen

Alle Ansprüche aus dem Arbeitsverhältnis verfallen, wenn sie nicht innerhalb einer Ausschlussfrist von drei Monaten nach ihrer Fälligkeit gegenüber dem Vertragspartner in Textform geltend gemacht und im Falle der Ablehnung durch den Vertragspartner innerhalb von weiteren drei Monaten eingeklagt werden.

XIII. Zusätzliche Vereinbarungen

_____

_____

XIV. Vertragsänderungen und Nebenabreden

Stillschweigende, mündliche oder schriftliche Nebenabreden wurden nicht getroffen. Änderungen und Ergänzungen dieses Vertrages bedürfen der Schriftform. Dies gilt auch für eine Aufhebung dieser Klausel. Sollten einzelne Bestimmungen dieses Vertrages unwirksam sein oder werden, wird hierdurch die Wirksamkeit des Vertrages im Übrigen nicht berührt. Der Arbeitnehmer verpflichtet sich, dem Arbeitgeber unverzüglich über Veränderungen der persönlichen Verhältnisse wie Familienstand, Kinderzahl und Adresse Mitteilung zu machen.

_____

Ort, Datum

_____   _____

Unterschrift Arbeitgeber   Unterschrift Arbeitnehmer

Quelle: IHK Frankfurt am Main: Arbeitsvertrag (Standard), Stand: 01.01.2023, online unter: https://www.frankfurt-main.ihk.de/recht/mustervertraege/arbeitsvertrag-standard--5196770 [10.07.2024] (verändert).

6. Erstellen Sie eine Übersicht der Pflichten des Arbeitnehmers bzw. der Arbeitnehmerin und des Arbeitsgebers, die sich aus dem Arbeitsvertrag für die neue Sachbearbeiterin/den neuen Sachbearbeiter Einkauf Haushaltswäsche ergeben.

Pflichten des Arbeitnehmers/der Arbeitnehmerin	Pflichten des Arbeitgebers

7. Erläutern Sie die von Ihnen in Aufgabe 6 zusammengestellten Pflichten Ihrer Nachbarin oder Ihrem Nachbarn.

7.6 Wir erstellen die Gehaltsabrechnung

Handlungssituation

Frau Döpfner wurde als neue Sachbearbeiterin Einkauf Haushaltswäsche in der Filiale der Hoffmann KG eingestellt.

Frau Döpfner ist 24 Jahre alt, evangelisch, ledig und hat keine Kinder. Laut Arbeitsvertrag wird sie nach dem zurzeit gültigen Gehaltstarifvertrag bezahlt.

Die Personalleiterin der Hoffmann KG beauftragt Dominik Schlote,

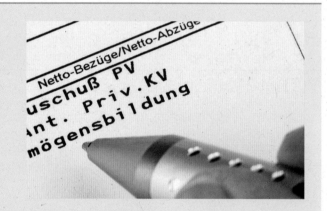

- die erste Gehaltabrechnung für die neue Mitarbeiterin zu erstellen und
- der neuen Mitarbeiterin anschließend die Gehaltsabrechnung in einem persönlichen Gespräch genau zu erläutern.

Handlungsaufgaben

1. Ermitteln Sie das Bruttomonatsgehalt von Frau Döpfner.
2. Stellen Sie fest, welche Gehaltsabzüge Dominik bei der Ermittlung des Nettogehalts von Frau Döpfner berücksichtigen muss.
3. Ermitteln Sie die Lohnsteuerklasse von Frau Döpfner.
4. Ermitteln Sie die Lohnsteuer, die Kirchensteuer und den Solidaritätszuschlag, die vom Bruttogehalt von Frau Döpfner abgezogen werden müssen. Nutzen Sie dazu die abgebildete Lohnsteuertabelle.

Allgemeine Monats-Lohnsteuertabelle 20.. Teil West
von 2.598,00 € bis 2.612,99 €, Kirchensteuer 9 %

Kinderfreibetrag			0		0,5		1		1,5		2		2,5	
ab €	StK	Steuer	SolZ	KiStr	SolZ	KiStr	SolZ	KiStr	SolZ	KiStr	SolZ	KiStr	SolZ	KiStr
2.598,00														
	1	299,16	–	26,92	–	18,32	–	10,28	–	3,15	–	–	–	–
	2	255,00	–	–	–	14,60	–	6,81	–	0,69	–	–	–	–
	3	72,50	–	6,52	–	1,13	–	–	–	–	–	–	–	–
	4	299,16	–	26,92	–	22,55	–	18,32	–	14,24	–	10,28	–	6,48
	5	584,33	–	52,58	–	–	–	–	–	–	–	–	–	–
	6	618,16	–	55,63	–	–	–	–	–	–	–	–	–	–
2.601,00														
	1	299,83	–	26,98	–	18,38	–	10,34	–	3,19	–	–	–	–
	2	255,66	–	–	–	14,66	–	6,86	–	0,72	–	–	–	–
	3	73,16	–	6,58	–	1,18	–	–	–	–	–	–	–	–
	4	299,83	–	26,98	–	22,61	–	18,38	–	14,29	–	10,34	–	6,53
	5	585,33	–	52,67	–	–	–	–	–	–	–	–	–	–
	6	619,16	–	55,72	–	–	–	–	–	–	–	–	–	–
2.604,00														
	1	300,58	–	27,05	–	18,45	–	10,39	–	3,24	–	–	–	–
	2	256,33	–	–	–	14,71	–	6,92	–	0,76	–	–	–	–
	3	73,66	–	6,62	–	1,21	–	–	–	–	–	–	–	–
	4	300,58	–	27,05	–	22,68	–	18,45	–	14,35	–	10,39	–	6,58
	5	586,33	–	52,76	–	–	–	–	–	–	–	–	–	–
	6	620,16	–	55,81	–	–	–	–	–	–	–	–	–	–
2.607,00														
	1	301,25	–	27,11	–	18,50	–	10,45	–	3,28	–	–	–	–
	2	257,00	–	–	–	14,77	–	6,97	–	0,80	–	–	–	–
	3	74,16	–	6,67	–	1,26	–	–	–	–	–	–	–	–
	4	301,25	–	27,11	–	22,73	–	18,50	–	14,41	–	10,45	–	6,63
	5	587,33	–	52,85	–	–	–	–	–	–	–	–	–	–
	6	621,00	–	55,89	–	–	–	–	–	–	–	–	–	–
2.610,00														
	1	302,00	–	27,18	–	18,56	–	10,50	–	3,32	–	–	–	–
	2	257,66	–	–	–	14,83	–	7,02	–	0,83	–	–	–	–
	3	74,66	–	6,71	–	1,28	–	–	–	–	–	–	–	–
	4	302,00	–	27,18	–	22,80	–	18,56	–	14,46	–	10,50	–	6,68
	5	588,33	–	52,94	–	–	–	–	–	–	–	–	–	–
	6	622,00	–	55,98	–	–	–	–	–	–	–	–	–	–

vgl. IMACC: Steuertabellen 2021 – Allgemeine Monats-Lohnsteuertabelle 2021/West, online unter: www.imacc.de. 2021. https://www.imacc.de/Steuertabelle/Lohnsteuertabellen/2021/LoSt_2021_WEST_9_ohnePKV_Monat.pdf, S. 175 [09.03.2021].

5. Ermitteln Sie die Sozialversicherungsabzüge, die vom Gehalt von Frau Döpfner einbehalten werden müssen.
6. Erstellen Sie die Gehaltsabrechnung für Frau Döpfner.

Bruttogehalt	**Nettogehalt**

7. Bereiten Sie ein Rollenspiel vor, in dem Sie in der Rolle von Dominik einer Mitschülerin oder einem Mitschüler in der Rolle von Frau Döpfner die Zusammensetzung der Gehaltsabrechnung genau erläutern.

7.7 Wir schützen Daten vor Missbrauch, Verlust oder Beschädigung

Handlungssituation

Dominik Schlote kann nach seinem Praktikum eine Ausbildung bei der Hoffmann KG beginnen: Er hat das Angebot, in die Filiale nach München zu gehen. Da man davon ausgeht, dass er sich für Informatik interessiert, und er sich überdurchschnittliche EDV-Kenntnisse angeeignet hat, ist geplant, ihm später die Funktion des betrieblichen Datenschutzbeauftragten zu übertragen.

Herr Mitschke, der Chef der EDV-Abteilung, informiert Dominik über Lage in der Hoffmann KG und die momentane Situation in der bayerischen Filiale:

„Die Hoffmann KG setzt hundertprozentig auf die Vorteile der Datenverarbeitung: Seit Kurzem ist jede Niederlassung komplett mit Datenkassen ausgestattet, die in ein komplettes Warenwirtschaftssystem eingebunden sind. Die Kundschaft kann auf jede Art elektronisch zahlen. Für ein zielgerichtetes Marketing werden Kundendaten systematisch gesammelt. Eingeführt wird momentan ein EDV-gestütztes Personalinformationssystem. Der Betriebsrat hat hier allerdings noch Bedenken.

Zwischen der Zentrale der Hoffmann KG und den einzelnen Niederlassungen findet ein ständiger Datenaustausch statt: Die eigentliche Datenverarbeitung erfolgt in der Zentrale. Neben warenwirtschaftlichen Daten werden in dem Unternehmen vorwiegend Daten über Mitarbeitende, Kundinnen und Kunden sowie Lieferanten verarbeitet. Die EDV-Abteilung in der Zentrale ist für alle Mitarbeitenden der Verwaltung und für das Verkaufspersonal der angeschlossenen Niederlassungen jederzeit erreichbar.

Seit der Umstellung von der herkömmlichen (manuellen) Datenverarbeitung auf die automatisierte (elektronische) Datenverarbeitung wurden in der Münchner Filiale keine besonderen zusätzlichen Veränderungen vorgenommen. Die externen Festplatten werden nach Betriebsschluss in einen normalen Aktenschrank abgelegt. Anschließend schließt der Abteilungsleiter die Räume der EDV-Abteilung selbst ab. Duplikate der Datenbestände existieren nicht. Auf das Datengeheimnis sind ausschließlich die in der EDV-Abteilung tätigen Mitarbeitenden verpflichtet worden."

Dominik soll sich in die Thematik des Datenschutzes einarbeiten und hierzu einen Bericht zur Datenschutzsituation in der Filiale abgeben.

Handlungsaufgaben

1. Unterscheiden Sie Datenschutz und Datensicherung.
2. Um die Bedenken des Betriebsrats zu verstehen, befasst sich Dominik mit den Vor- und Nachteilen von Personalinformationssystemen.
   a) Erklären Sie, was ein Personalinformationssystem ist.
   b) Verdeutlichen Sie, welche Interessen die Geschäftsleitung mit der Einführung des Personalinformationssystems verfolgt. Überlegen Sie, welche Gegenargumente der Betriebsrat aufführen könnte.

Argumente für Personalinformationssysteme	Argumente gegen Personalinformationssysteme
Unternehmensleitung	Betriebsrat

3. Dominik fragt sich, welche möglichen Gefahren für die Persönlichkeitsrechte des Verkaufspersonals und der Kundschaft bestehen könnten, wenn Daten über diese gesammelt werden. Führen Sie mögliche Risiken auf.

4. In der Mittgaspause diskutiert Dominik mit Katarzyna und Volkan, wie man sich privat gegen den Missbrauch seiner persönlichen Daten schützen kann. Zeigen Sie Beispiele für den privaten Datenschutz auf.

5. Überlegen und entscheiden Sie, aus welchen Informationsquellen Informationen über den Datenschutz gewonnen werden können.

6. Erläutern Sie den Begriff und die wichtigsten Formen personenbezogener Daten.

7. Unterscheiden Sie Daten und Dateien.

8. Dominik beschäftigt sich nun mit der rechtlichen Regelung des Datenschutzes.
   a) Nennen Sie die die Rechtsquellen, die den Datenschutz regeln.
   b) Stellen Sie die Hierarchie der gesetzlichen Bestimmungen im Datenschutz dar.
   c) Erklären Sie die Rolle des Bundesdatenschutzgesetzes.
   d) Geben Sie an, für welche Phasen der Verarbeitung personenbezogener Daten das Bundesdatenschutzgesetz sowie die Datenschutzgrundverordnung gelten.

9. Erläutern Sie die Bedeutung des Datenschutzes für die Mitarbeitenden der Hoffmann KG.

10. Führen Sie auf, welche Rechte des Datenschutzes sowohl die Mitarbeitenden als auch die Kundschaft der Hoffmann KG wahrnehmen können.

11. Dominik soll später in der Münchner Filiale die Funktion des Datenschutzbeauftragten übernehmen.
   a) Stellen Sie dar, wann ein Unternehmen eine/-n Datenschutzbeauftragte/-n bestellen muss und über welche Fähigkeiten und Kenntnisse diese/-r verfügen sollte.
   b) Erläutern Sie die Aufgaben einer/eines Datenschutzbeauftragten.

12. Nachdem sich Dominik intensiv mit dem Thema Datenschutz beschäftigt hat, betrachtet er nun die Situation in der bayrischen Filiale und stellt sich folgende Fragen:
   a) Muss das Bundesdatenschutzgesetz in der Münchner Filiale überhaupt angewendet werden?
   b) Dürfen personenbezogene Daten verarbeitet werden?
   c) Ist eine Verpflichtung aller Mitarbeitenden auf das Datengeheimnis erforderlich?
   d) Inwieweit werden in der Münchner Filiale Maßnahmen gemäß § 6 BDSG getroffen? Sind sie ausreichend?

1. Ergänzen Sie die folgende Mindmap.

Aufgabe
- Schutz personenbezogener Daten vor Missbrauch bei ihrer Verwendung
- Zulässigkeit der Verarbeitung solcher Daten
  - mit Einwilligung des _____
  - durch Erlaubnis des _____
  - _____ oder einer anderen

Rechte des Betroffenen
- _____
- _____
- _____
- _____

Grundrecht der _____

Pflichten der Datenverarbeiter
- Wahrung des _____
- Ernennung eines _____
- Prüfung der _____ der Verarbeitung von Daten
- _____ der Betroffenen bei der erstmaligen Speicherung von Daten zu ihrer Person
- technische und organisatorische Maßnahmen zum Ausschluss von _____

Daten-schutz

Wir schützen Daten vor Missbrauch, Verlust oder Beschädigung

Daten-sicherung

Maßnahmen gegen Verlust, Zerstörung oder Verfälschung von Daten
- _____
- _____
- _____

_____ Gebote des Datenschutzes

technische Verfahren
- _____
- _____

personelle Verfahren
- _____
- _____
- _____
- _____

programm-technische Verfahren
- Virenscanner
- Firewalls
- _____
- _____
- _____
- Eingabemasken

organisatorische Verfahren
- _____

7.8 Wir wenden im Unternehmen verschiedene Maßnahmen des Personaleinsatzes an

Sowohl die Unternehmensleitung als auch die Beschäftigten der Hoffmann KG sind unzufrieden mit verschiedenen Aspekten des Personaleinsatzes. Es wird daher ein Projektteam berufen, das Herrn Hoffmann Vorschläge dazu in verschiedenen Bereichen der Hoffmann KG machen soll. Aufgabe des Projektteams ist es zu prüfen, ob und gegebenenfalls in welchem Umfang Neuregelungen zu betrieblichen Verbesserungen führen können. Dominik Schlote wird als Vertreter der Praktikantinnen und Praktikanten in das Projektteam berufen.

Herr Hoffmann erläutert Dominik den Auftrag des Teams:

„... Ein flexibler Personaleinsatz bringt uns viele positive Effekte. Generell hilft er dabei, die Interessen des Unternehmens mit der individuellen Situation und mit der Lebensphase des Mitarbeiters oder der Mitarbeiterin in Einklang zu bringen ..."

Anschließend weist er auf verschiedene Probleme der Hoffmann KG hin:

„Sie wissen ja, insgesamt kommen unser Sortiment im Großhandel und unsere Produktpalette im Textilbereich und bei den Fahrrädern bei unserer Kundschaft nach wie vor sehr gut an. Aber wir haben im Vergleich zu unseren Mitbewerbern im Großhandel relativ kurze Bürozeiten. Das könnte sich negativ auf unseren Absatz auswirken. Bei unseren Mitbewerbern sind die Abteilungen von 7 bis 18 Uhr erreichbar, zu uns können die Kunden nur zwischen 8 und 16 Uhr Kontakt aufnehmen.

In unserem Herstellungsbereich arbeiten zwei Schichten von Montag bis Freitag jeweils in Acht-Stunden-Schichten. Viele Mitbewerber können durch längere Maschinenlaufzeiten wesentlich kostengünstiger produzieren.

Wir haben in einer Abteilung mehrere Beschäftigte, die aufgrund familiärer Verpflichtungen ihre Arbeitszeit vorübergehend reduzieren möchten. Zum Teil handelt es sich dabei um Stellen, die ganztägig besetzt sein müssen.

Der Betriebsrat hat uns darüber informiert, dass mehrere Beschäftigte mittelfristig auch gern eine Auszeit nehmen würden. Als Gründe dafür wurden genannt: eine Weltreise machen, Zeit mit den Kindern verbringen, ein Haus bauen oder auch einen Burnout zu verhindern ...

Von mehreren Abteilungen wird berichtet, dass es zu Schwierigkeiten bei der Einführung und Einarbeitung neuer Mitarbeiterinnen und Mitarbeiter gekommen ist.

In der Einkaufsabteilung sind zwei Mitarbeitende für die jeweilige Stelle überqualifiziert. Eine Mitarbeiterin kann dagegen bisher den Stellenanforderungen nicht gerecht werden."

1. Erläutern Sie kurz, worum es beim Personaleinsatz geht.
2. Führen Sie auf, welche Bereiche im Hinblick auf einen optimalen Personaleinsatz berücksichtigt werden müssen.
3. Unterscheiden Sie im Zusammenhang mit der Integration neuer Mitarbeitender zwischen Einführung und Einarbeitung.
4. Schlagen Sie drei Maßnahmen vor, die eine Personalabteilung ergreifen kann, wenn die Anforderungen an die Stelle größer sind als die Qualifikation der Stelleninhaberin oder des Stelleninhabers.

5. Schlagen Sie fünf Maßnahmen vor, die eine Personalabteilung ergreifen kann, wenn die Anforderungen an die Stelle kleiner sind als die Qualifikation des Stelleninhabers oder der Stelleninhaberin.

6. Erläutern Sie kurz das starre Arbeitszeitsystem und führen Sie anschließend die Strukturprinzipien starrer Arbeitszeitsysteme auf.

Strukturprinzipien starrer Arbeitszeitsysteme			
Anfang und Ende der Arbeitszeit sind durch die betriebliche Ordnung exakt festgelegt.	Einzelne Arbeitnehmer/-innen haben keinen Einfluss auf die verbindlich vorgeschriebene Zeitordnung.	Alle Erwerbstätigen sind möglichst zur gleichen Zeit erwerbstätig bzw. treten zur gleichen Zeit ihre Freizeit an.	Die Arbeitszeitordnungen sind weitgehend einheitlich und gleichförmig.

7. Geben Sie drei Unterschiede zwischen starren und flexiblen Arbeitszeiten an.

8. Ergänzen Sie die folgende Tabelle:

Arbeitszeitmodelle		
verändern die Dauer der Arbeitszeit:	verändern die individuellen Arbeitszeiten hinsichtlich ihrer Lage:	verändern Lage und Dauer der Arbeitszeit:
– Teilzeitarbeit	– Schichtarbeit	– Job-Sharing
– Altersteilzeit		
	Die einzelnen Mitarbeitenden haben keinen festen Arbeitsbeginn und kein festes Arbeitsende. Sie können diese Termine in bestimmten Grenzen selbst wählen. Bei diesem Arbeitszeitmodell wird in der Regel lediglich eine Kernzeit (Funktionszeit) festgelegt.	Die vertraglich vereinbarte Arbeitszeit kann innerhalb bestimmter Vorgaben über- bzw. unterschritten werden. Die jeweils mehr oder weniger geleisteten Arbeitsstunden werden dann für die Mitarbeitenden individuell erfasst.
		Die Beschäftigten arbeiten nur dann, wenn im Betrieb für sie Arbeit anfällt und der Arbeitgeber sie abruft.
		eine Art Langzeiturlaub

9. Schlagen Sie Maßnahmen der flexiblen Arbeitszeitgestaltung vor, die in der Hoffmann KG zu betrieblichen Verbesserungen führen können.

7.9 Wir kündigen Mitarbeitenden aus betrieblichen Gründen

Handlungssituation

In einer Filiale der Hoffmann KG sind die Umsätze stark zurückgegangen. Die Geschäftsleitung beschließt deshalb, das Sortiment zu verkleinern. Aufgrund dieser Maßnahmen verringert sich auch der Personalbedarf in der Einkaufsabteilung (Inland) und der Verkaufsabteilung von bisher acht Personen auf fünf Personen. Die Geschäftsleitung entschließt sich deshalb, drei der folgenden Sachbearbeiterinnen und Sachbearbeiter zum 1. Juni 20.. zu kündigen:

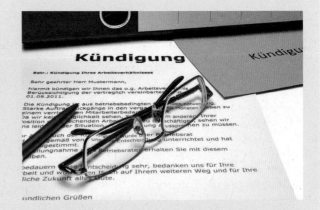

- Herr Marvin Krol, 22 Jahre alt, 2 Jahre im Betrieb, verheiratet, keine Kinder
- Herr Niklas Kaminski, 39 Jahre alt, 7 Jahre im Betrieb, verheiratet, 1 schulpflichtiges Kind
- Frau Petra Janssen, 30 Jahre alt, 10 Jahre im Betrieb, alleinerziehend, 1 Kind, im 3. Monat schwanger
- Frau Nadine Vosges, 30 Jahre alt, 7 Jahre im Betrieb, ledig, 2 schulpflichtige Kinder, schwerbehindert (Grad der Behinderung 60 %)
- Herr Thorsten Weidner, 52 Jahre alt, 17 Jahre im Betrieb, verheiratet, 2 erwachsene Kinder
- Frau Miriam Zahn, 42 Jahre alt, 5 Jahre im Betrieb, verheiratet, 3 schulpflichtige Kinder
- Herr Esra Fellmann, 37 Jahre alt, 20 Jahre im Betrieb, verheiratet, 2 Kinder, Mitglied des Betriebsrats
- Herr Finn Adil, 19 Jahre alt, 5 Monate im Betrieb, ledig, keine Kinder

Herr Hoffmann beauftragt die Personalleiterin, Frau Schwab, die notwendigen Maßnahmen durchzuführen.

Betriebsbedingte Kündigung: Punkteschema zur richtigen Sozialauswahl
Bei betriebsbedingten Kündigungen muss der Arbeitgeber immer eine Sozialauswahl treffen. Er soll den sozial am wenigsten schutzbedürftigen Arbeitnehmer entlassen, also denjenigen, der voraussichtlich am schnellsten wieder einen Job findet und von dessen Einkommen möglichst wenig andere Personen (Ehegatte, Kinder) abhängig sind. [...]

Die Kriterien dieser Sozialauswahl definiert § 1 Abs. 3 des Kündigungsschutzgesetzes (KSchG):
- Dauer der Betriebszugehörigkeit
- Lebensalter
- Unterhaltspflichten
- Schwerbehinderung des Arbeitnehmers

Bezieht der Arbeitgeber bei der Auswahl des zu kündigenden Arbeitnehmers die vier genannten Kriterien nicht in seinen Vergleich mit ein oder wägt er sie falsch ab, werden die Arbeitsgerichte im Kündigungsschutzprozess die Kündigung des Arbeitnehmers für sozialwidrig und unwirksam erklären. [...]

Der Arbeitgeber muss dem Gericht im Rahmen eines Kündigungsschutzprozesses darlegen, dass er sich bei der Kündigung des Arbeitnehmers XY etwas gedacht hat. Das Mittel, um die Sozialauswahl transparent und für das Gericht nachvollziehbar zu machen, sind Punkteschemata. Sie helfen herauszufinden, welche Arbeitnehmer vergleichbar und am wenigsten schutzbedürftig sind. Bei einem

Punkteschema werden die vier Aspekte, die bei der Sozialauswahl relevant sind, aufgelistet. Jedes Kriterium wird mit einer bestimmten Anzahl von Punkten hinterlegt. Mittels dieses Schemas erhält jeder Arbeitnehmer im Betrieb eine bestimmte Punktezahl. Der Arbeitgeber kann anhand der Ergebnisse eine Rangfolge erstellen. Je höher die Punktezahl, desto sozial geschützter ist der Arbeitnehmer. Je niedriger die Zahl, desto höher die Chancen einer Kündigung. Ein Beispiel für ein solches Schema, das das BAG für zulässig erachtete, ist folgendes:

Kriterium		Punkte
Lebensalter	für jedes vollendete Jahr nach dem 18. Lebensjahr	1 Punkt
Betriebszugehörigkeit	für jedes Beschäftigungsjahr	1 Punkt
Unterhaltspflichten	Ehegatte/eingetragener Lebenspartner	2 Punkte
	unterhaltsberechtigtes, auf der Lohnsteuerkarte eingetragenes Kind	3 Punkte
Schwerbehinderung/ Gleichstellung	50 %	5 Punkte
	je weiterer 10 % GdB	1 Punkt

Quelle: Groll, Katrin: Betriebsbedingte Kündigung: Punkteschema zur richtigen Sozialauswahl. 15.08.2012; online unter: https://www.rechthaber.com/betriebsbedingte-kundigung-punkteschemata-zur-richtigen-sozialauswahl/#more-4435 [24.05.2024].

Handlungsaufgaben

1. Stellen Sie fest, ob es der in der Handlungssituation genannte Grund erlaubt, Mitarbeiterinnen oder Mitarbeiter der Einkaufsabteilung und der Verkaufsabteilung zu entlassen.
2. Stellen Sie fest, für welche Mitarbeiterinnen und Mitarbeiter der Einkaufsabteilung ein besonderer Kündigungsschutz gilt.
3. Legen Sie die Kriterien für eine Sozialauswahl fest und gewichten Sie diese Kriterien mit Punkten.

Kriterium	Punkte

4. Führen Sie die Auswahl von drei Beschäftigten der Einkaufsabteilung unter Nutzung der von Ihnen in Aufgabe 2 festgelegten Kriterien und Punkte durch.
   a) Überlegen und begründen Sie, welche Beschäftigten der Einkaufs- und der Verkaufsabteilung nicht in der Sozialauswahl berücksichtigt werden.

b) Erstellen Sie für die Beschäftigten, die in der Sozialauswahl berücksichtigt werden können, ein Punkteschema nach den von Ihnen in Aufgabe 3 festgelegten Kriterien und Punkten.

Kriterien	Herr Krol	Herr Kaminski	Frau Vosges	Herr Weidner	Frau Zahn
Gesamtpunktzahl					

c) Benennen Sie die drei Beschäftigten, denen gekündigt werden sollte. Begründen Sie Ihre Entscheidung.

5. Ermitteln Sie die Kündigungstermine, zu denen die in Aufgabe 5 ausgewählten Mitarbeiterinnen und Mitarbeiter gekündigt werden können.

6. Erstellen Sie das Kündigungsschreiben für einen der zu kündigenden Mitarbeiterinnen oder Mitarbeiter.

Vertiefungs- und Anwendungsaufgabe

1. Im Rahmen der geplanten Rationalisierungs- und Kosteneinsparungsmaßnahmen möchte die Hoffmann KG am 4. Februar 20.. aus betriebsbedingten Gründen dem 37-jährigen Sachbearbeiter Herrn Wehrheim aus der Verwaltungsabteilung zum nächstmöglichen Termin kündigen. Stefan Wehrheim ist seit 15 Jahren Mitarbeiter der Hoffmann KG. Vertraglich bestehen keine besonderen Vereinbarungen hinsichtlich der Kündigung. Stellen Sie fest, an welchem Tag (Tag/Monat/Jahr) das Arbeitsverhältnis von Stefan Wehrheim gemäß der gesetzlichen Bestimmungen des BGB enden würde.

2. Die Personalleiterin der Hoffmann KG überprüft in den folgenden Fällen die Kündigungsfristen. Ermitteln auch Sie, welche Kündigungsfristen jeweils gelten:

   a) Alara Uzun, 28 Jahre, seit einem Jahr im Unternehmen beschäftigt, kündigt am 14. Juli.

   b) Dem Lagerarbeiter Christian Schwalenberg, 35 Jahre alt, seit 7 Jahren beschäftigt, wird am 6. Juni gekündigt.

   c) Philipp Jahn-Biro, 29 Jahre, seit 3 Jahren bei der Hoffmann KG, erhält aufgrund eines Diebstahls die Kündigung.

   d) Piotr Bognar, 21 Jahre, seit 2 Wochen in der Probezeit, kündigt.

   e) Charlotte Rieger, 25 Jahre, seit 2 Jahren beschäftigt, will sich verbessern und kündigt am 31. März.

3. Verschiedene Geschäftspartner der Hoffmann KG müssen Kündigungen vornehmen. Prüfen Sie, ob in dem jeweiligen Fall die Kündigung sozial gerechtfertigt ist oder nicht.

   a) Die Paulmann KG begründet die Kündigungen mit einem anhaltenden Auftragsmangel aufgrund der schlechten Wirtschaftslage.

   b) Ein Unternehmen, das Waren aus Singapur importiert, hat die folgende Formulierung im Kündigungsschreiben: „Betriebsstillstand wegen eines Brandschadens im Lager".

   c) Ein Mitarbeiter bekommt die Kündigung der StaWa AG wegen „mehrmaliger Verspätung trotz wiederholter Abmahnung".

   d) Eine Mitarbeiterin weigert sich, bei Pinolart einen Auftrag auszuführen, und bekommt deshalb die Kündigung.

   e) Weil eine Mitarbeiterin schwanger ist, soll sie den Betrieb verlassen.

   f) Ein Lagerarbeiter wird gekündigt, weil er häufig Fehler aufgrund mangelnder Sorgfalt verursacht.

8 Erfassen von Geschäftsprozessen II

8.1 Wir informieren uns über die Warengeschäfte unseres Unternehmens

Handlungssituation

Anne Schulte ist Auszubildende bei der von der Hoffmann KG übernommenen Fairtext GmbH. Dort unterstützt sie Frau Staudt, die Abteilungsleiterin Rechnungswesen, bei der Erledigung verschiedener Aufgaben im Bereich der Buchführung und der Kosten- und Leistungsrechnung. Frau Schröter, Geschäftsführerin der Fairtext GmbH, kommt in die Abteilung Rechnungswesen.

Frau Schröter: „Sie haben mir gerade die neusten Absatz- und Umsatzzahlen des letzten Monats gegeben. Mir ist dabei aufgefallen, dass wir in dem Monat Rückgänge, vor allem bei unseren ‚Rennern‘, dem Damenpullover ‚Elle‘ sowie dem Artikel ‚Boxershorts, Baumwolle‘ zu verzeichnen haben. Das hat sich auch auf unseren Rohgewinn ausgewirkt.“

Frau Staudt: „Das ist natürlich bedauerlich. Was schlagen Sie vor?“

Frau Schröter: „Bereiten Sie mir bitte folgende Informationen vor, damit wir uns in der Geschäftsleitung eine Strategie überlegen können, wie wir solche Einbrüche in Zukunft vermeiden können: Sie sollten zunächst beide Artikel noch einmal kalkulieren und überprüfen, ob die vorgegebenen Daten auch realisiert worden sind.“

Frau Staudt: „Okay, also eine Kalkulation und die Überprüfung der Daten.“

Frau Schröter: „Jawohl. Außerdem möchte ich, dass Sie in dem Zusammenhang auch überprüfen, ob alle Warenein- und -verkäufe auch richtig gebucht wurden, und fassen Sie alle wichtigen Buchungen bei den Warenbewegungen zusammen.“

Frau Staudt: „Gut, Frau Schröter. Das werden wir umgehend machen.“

Frau Schröter: „Ich möchte, dass Sie mir Ihre Ergebnisse dann präsentieren.“ (Verlässt anschließend den Raum)

Frau Staudt: „Anne, Sie haben gehört, was Frau Schröter gesagt hat. Daher sollten wir sofort mit der Analyse der Daten starten.“

Handlungsaufgaben

1. Frau Schröter hat von Absatz und Umsatz gesprochen. Anne soll die Unterschiede zwischen diesen beiden Begriffen herausstellen.
2. Ein wichtiger Faktor ist für Frau Schröter der Rohgewinn.
   a) Definieren Sie den Begriff Rohgewinn.
   b) Begründen Sie, warum Frau Schröter diese Kennzahl so wichtig ist.

3. Anne hat nun von Frau Staudt die folgenden Daten bekommen:

	Boxershorts, Baumwolle	Damenpullover „Elle"
Listeneinkaufspreis	12,40 €	23,00 €
Lieferantenrabatt	10 %	10 %
Lieferantenskonto	2 %	2 %
Bezugskosten	frei Haus	frei Haus
Handlungskosten	50 %	50 %
Gewinn	10 %	10 %
Kundenskonto	2 %	2 %
Kundenrabatt (Mittelwert)	33,57 %	33,57 %

Kalkulieren Sie diese zwei Artikel vom Listeneinkaufspreis bis zum Listenverkaufspreis.

	Boxershorts, Baumwolle		Damenpullover „Elle"	
	Bedingungen	Wert	Bedingungen	Wert

4. Im letzten Monat sind bei der Fairtext GmbH folgende Daten ermittelt worden:

	Boxershorts, Baumwolle	Damenpullover „Elle"
Absatzmenge	1 340 Stück	945 Stück
Umsatz (auf Basis des Barverkaufspreises)	24.187,00 €	29.342,25 €
Wareneinkäufe zu Einkaufspreisen	14.659,60 €	19.174,05 €
Waren- bzw. Rohgewinn	9.527,40 €	10.168,20 €

a) Vergleichen Sie die Zahlen für die Boxershorts, Baumwolle und die Damenpullover „Elle" mit den vorher kalkulierten Preisen (Einstandspreis und Barverkaufspreis). Halten Sie Ihre Ergebnisse fest.

b) Geben Sie an, welche Auswirkungen die Differenzen auf die Kalkulation bzw. den Gewinnaufschlag haben.

5. Berechnen Sie, wie groß die Anfangsbestände und die Schlussbestände des letzten Monats für die Boxershorts und die Damenpullover auf Basis der kalkulierten Einstandspreise aus Aufgabe 3 in Euro sind. Bestimmen Sie auch die Bestandsminderung oder die Bestandsmehrung in Euro.

Boxershorts, Baumwolle	Damenpullover „Elle"
Rechnung:	Rechnung:

6. Frau Staudt erklärt Anne, dass die Wareneinkäufe als Aufwand auf ein Extrakonto gebucht werden, das Konto „Wareneingang". Außerdem erklärt sie Anne, dass die Bestandsveränderungen im laufenden Monat berücksichtigt werden müssen. Bestandsminderungen wirken hierbei wie ein Aufwand, werden zu den Einkäufen also hinzugezählt, und Bestandsmehrungen wirken hier wie ein Ertrag, werden vom Einkauf also abgezogen. Nachdem Frau Staudt und Anne die wichtigen Daten aus den Informationen zusammengetragen und berechnet haben, sollen die Geschäftsvorgänge nun gebucht werden.

a) Buchen Sie die Angaben aus den Aufgaben 4 und 5 auf die unten stehenden Konten.[1]

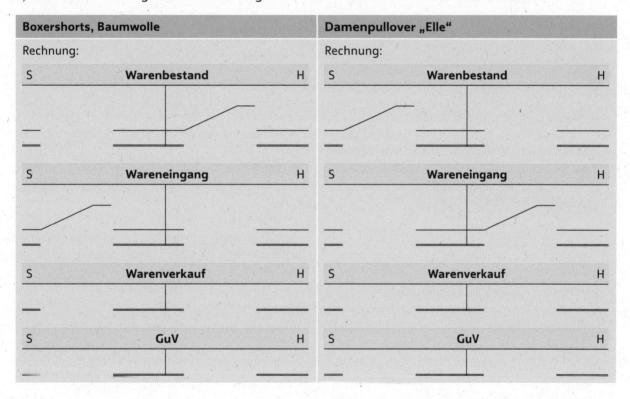

---

1 In der Realität würden die Werte aller Artikel am Ende zu einem Warenkonto zusammengefasst werden. Darauf wird hier verzichtet, um Veränderungen der Warenbestände gegenüberzustellen und zu verdeutlichen.

b) Am 30. April werden die Konten abgeschlossen. Damit verbunden sind mehrere Abschlussbuchungen. Erstellen Sie zu den folgenden Fragen die Abschlussbuchung/den Buchungssatz.

Boxershorts, Baumwolle			Damenpullover „Elle"		
Buchungssatz	Soll	Haben	Buchungssatz	Soll	Haben
1. Wie lautet die Abschlussbuchung für den Warenbestand?					
2. Liegt eine Bestandsminderung oder eine Bestandsmehrung vor und wie lautet der Buchungssatz zur Umbuchung der Bestandsminderung/Bestandsmehrung?					
3. Wie lautet die Abschlussbuchung für das Konto „Wareneingang"?					
4. Wie lautet die Abschlussbuchung für das Konto „Warenverkauf"?					

c) Wenn Sie sich Ihre Buchungssätze zu b) ansehen: Welche Gemeinsamkeiten und welche Unterschiede können Sie bei einer Bestandsminderung und einer Bestandsmehrung des Warenbestands feststellen? Erläutern Sie die Unterschiede.

7. Frau Staudt und Anne Schulte wollen sich auf die Präsentation der Ergebnisse mit Frau Schröter vorbereiten. Fassen Sie zusammen mit Ihrem Banknachbarn die wesentlichen Ergebnisse/Erkenntnisse zusammen.

Vertiefungs- und Anwendungsaufgabe

1. a) Erstellen Sie die Eröffnungsbilanz.
   b) Richten Sie die Bestands- und Erfolgskonten ein.
   c) Buchen Sie die Geschäftsfälle und übertragen Sie die Buchungssätze auf die Bestands- und Erfolgskonten (Hauptbuch).
   d) Schließen Sie die Erfolgskonten über das GuV-Konto ab und übertragen Sie den Gewinn oder Verlust auf das Eigenkapitalkonto.
   e) Schließen Sie die Bestandskonten über das SBK ab.

Anfangsbestände	€		€
BGA	195.000,00	Bank	21.000,00
Warenbestand	79.500,00	Eigenkapital	?
Forderungen a. LL	15.000,00	Verbindlichkeiten a. LL	15.000,00
Kasse	9.000,00		

Erfolgskonten/GuV: Wareneingang, Löhne, Instandhaltung, Bürobedarf, Warenverkauf, Provisionserträge

Abschlusskonten: Gewinn- und Verlustkonto, Schlussbilanzkonto

Geschäftsfälle:

1.	Zieleinkauf von Waren lt. ER	13.500,00 €
2.	Zahlung der Löhne durch Banküberweisung	6.200,00 €
3.	Warenverkauf bar	5.800,00 €
	gegen Giro-Karte	6.600,00 €
4.	Reparatur des Laufbandes gegen Rechnung	450,00 €
5.	Barkauf von Büromaterial	150,00 €
6.	Kauf von Waren bar	1.400,00 €
7.	Kunde zahlt Rechnung durch Banküberweisung	8.500,00 €
8.	Verkauf von Waren auf Ziel	25.900,00 €
9.	Wir erhalten Provision für ein vermitteltes Geschäft per Banküberweisung.	3.800,00 €

Abschlussangaben

1. Warenschlussbestand lt. Inventur   71.400,00 €
2. Die Schlussbestände der übrigen Bestandskonten stimmen mit den Werten der Inventur überein.

Beleg	Buchungssatz	Soll	Haben
1.			
2.			
3.			
4.			
5.			
6.			
7.			
8.			
9.			

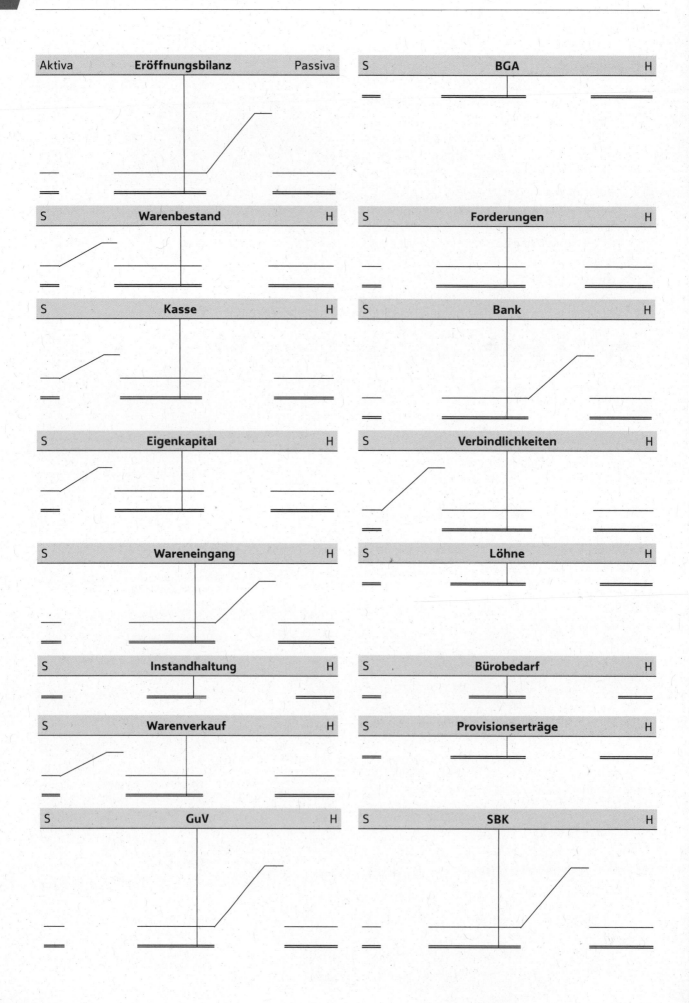

8.2 Wir ermitteln die Umsatzsteuerschuld unseres Unternehmens

Handlungssituation

Frau Schröter ist mit den Umsatzstatistiken und Analysen zu den „Rennern", dem Damenpullover „Elle" sowie den Boxershorts, Baumwolle, sehr zufrieden.

Frau Schröter ist aber aufgefallen, dass die Umsatzsteuer bei den bisherigen Analysen noch nicht berücksichtigt wurde.

Sie möchte gern wissen, wie hoch die Zahllast für die Fairtext GmbH im Monat Mai bezogen auf diese beiden Artikel ist.

Daher sollen Frau Staudt und Anne Schulte diese Werte aus den vorliegenden Informationen aufstellen:

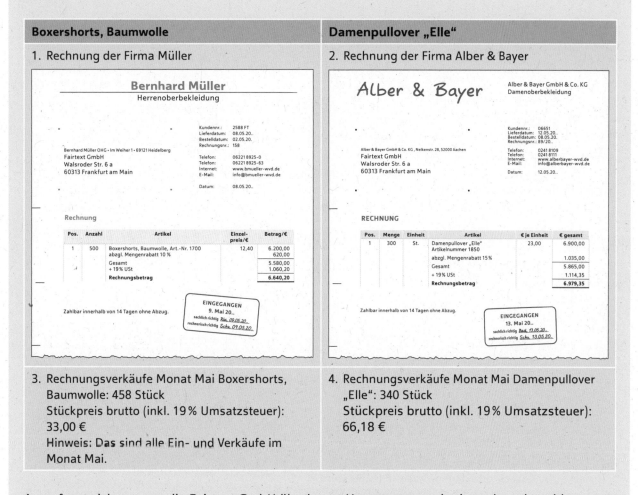

Boxershorts, Baumwolle

1. Rechnung der Firma Müller

Damenpullover „Elle"

2. Rechnung der Firma Alber & Bayer

3. Rechnungsverkäufe Monat Mai Boxershorts, Baumwolle: 458 Stück
   Stückpreis brutto (inkl. 19 % Umsatzsteuer): 33,00 €
   Hinweis: Das sind alle Ein- und Verkäufe im Monat Mai.

4. Rechnungsverkäufe Monat Mai Damenpullover „Elle": 340 Stück
   Stückpreis brutto (inkl. 19 % Umsatzsteuer): 66,18 €

Anne fragt sich, warum die Fairtext GmbH überhaupt Umsatzsteuer einnimmt bzw. bezahlen muss und was die Zahllast zu bedeuten hat, die Frau Schröter genannt hat.

Handlungsaufgaben

1. Frau Staudt erklärt Anne, dass es nach dem Umsatzsteuergesetz steuerbare Umsätze gibt, die wiederum in steuerpflichtige und steuerfreie Umsätze unterteilt sind.
   a) Nennen Sie drei mögliche Umsatzarten, die steuerpflichtig sind (nach § 1 UStG).
   b) Nennen Sie drei mögliche Umsatzarten, die steuerfrei sind (nach § 4 UStG).

c) Es gibt einen Umsatzsteuersatz von 7 % und einen von 19 %. Nennen Sie zu jedem Umsatzsteuersatz drei Beispiele.

d) Begründen Sie, warum die Fairtext GmbH umsatzsteuerpflichtig ist.

2. Frau Staudt erklärt Anne, dass der Umsatzsteuersatz auf den Warenwert, d.h. den Nettowarenwert bzw. den Nettoverkaufspreis, aufgeschlagen wird. So ist auf der Eingangsrechnung des Lieferanten Müller der Warenwert (Gesamtbetrag) von 5.580,00 € aufgeführt, die Umsatzsteuer von 19 % mit einem Betrag von 1.060,20 € und der Bruttobetrag (= Rechnungsbetrag) von 6.640,20 €.

Bestimmen Sie für alle Verkäufe im Monat Mai den Warenwert, den Umsatzsteuerbetrag und den Bruttobetrag für die beiden Artikel.

	Boxershorts, Baumwolle	Damenpullover „Elle"
Bruttobetrag		
Warenwert		
Umsatzsteuer 19 %		

3. Bei der Buchung der Umsatzsteuer muss Anne zwischen den Konten „Vorsteuer" und „Umsatzsteuer" unterscheiden.

a) Geben Sie an, wann das Konto Vorsteuer und wann das Konto Umsatzsteuer verwendet wird.

b) Formulieren Sie zu den Belegen und Informationen der Fairtext GmbH aus der Ausgangssituation die entsprechenden Geschäftsfälle und stellen Sie den entsprechenden Buchungssatz auf.

	Soll	Haben
1. Rechnung der Firma Müller Text:		
2. Rechnung der Firma Alber & Bayer GmbH & Co. KG Text:		
3. Verkaufte Boxershorts gegen Rechnung: 458 Stück Text:		
4. Verkaufte Damenpullover „Elle" gegen Rechnung: 340 Stück Text:		

4. Frau Staudt beauftragt Anne nun mit dem Buchen der aufgestellten Buchungssätze auf die unten stehenden Konten.[1]
   a) Tragen Sie die Buchungen in die Konten ein.
   b) Schließen Sie die Konten ab und ermitteln Sie die Zahllast aus diesen Daten.
   c) Die Zahllast wird am 10. August an das Finanzamt vom Bankkonto der Fairtext GmbH überwiesen. Stellen Sie zu diesem Geschäftsfall den Buchungssatz auf und übertragen Sie die Daten entsprechend auf das Konto.

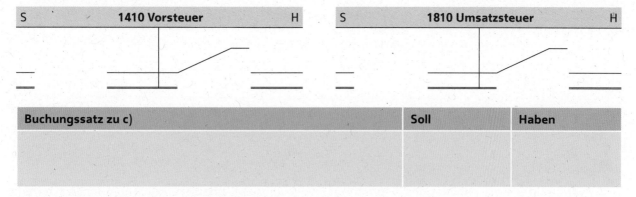

Buchungssatz zu c)	Soll	Haben

d) Frau Staudt fragt Anne nun, was sie unter der Zahllast versteht.
   Erläutern Sie, was Sie unter der Zahllast verstehen.
e) Anne fragt Frau Staudt, wie sich die Zahllast auf den Unternehmenserfolg der Fairtext GmbH auswirkt.
   Helfen Sie Frau Staudt bei der Antwort und begründen Sie diese.

Vertiefungs- und Anwendungsaufgabe

1. a) Schließen Sie die beiden Konten ab.

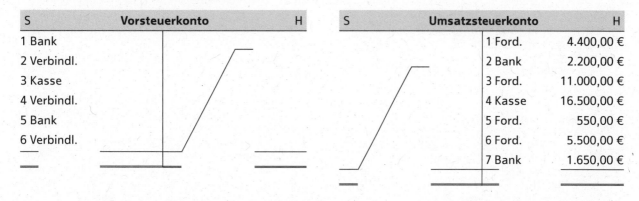

b) Nennen Sie die Buchungssätze zum Abschluss der Konten sowie zum Zahlungsausgang bei Banküberweisung der Zahllast.

Nr.	Buchungssatz	Soll	Haben
1.			
2.			

---

1 Es sollen hier nur die Konten „Vorsteuer" und „Umsatzsteuer" betrachtet werden. Alle anderen Konteneinträge werden hier nicht berücksichtigt.

c) Ermitteln Sie die Zahllast.

Zahllast = _____

2. Die Gartenabteilung des Baumarktes „Schlau und Bau" hat sich vom Großhandel, der Firma Gardenica KG, eine edle Holzbank zum Nettopreis von 300,00 € gegen Rechnung gekauft. Der Endverbraucher Herr Pautsch kauft diese Holzbank bar von dem Baumarkt zum Ladenpreis (brutto) von 535,50 €.

a) Geben Sie die beiden Buchungssätze aus Sicht des Baumarktes „Schlau und Bau" an.

Nr.	Buchungssatz	Soll	Haben
1.			
2.			

b) Ermitteln Sie die Zahllast des Baumarktes, wenn dies die einzigen Aktivitäten im Geschäftsjahr wären.

c) Die Gardenica KG wiederum kauft die Holzbank bei der Holzverarbeitung H & U GmbH zum Nettopreis von 220,00 €. Der Holzverarbeitungsbetrieb hat das Holz vor der Verarbeitung zur Holzbank bei einem Forstbetrieb zum Nettopreis von 50,00 € eingekauft.

Tragen Sie die Angaben in die unten stehende Liste ein und berechnen Sie die fehlenden Werte. Berechnen Sie auch die Werte und Summen für die Umsatzsteuer, Vorsteuer und die Zahllast in der jeweiligen Umsatzstufe.

Umsatzstufen	Ausgangsrechnung	Umsatzsteuer	Vorsteuer	Zahllast
Forstbetrieb	Nettopreis ...... + 19 % USt ...... Bruttopreis			
Holzverarbeitung H & U GmbH	Nettopreis ...... + 19 % USt ...... Bruttopreis			
Gardenica KG (Großhandel)	Nettopreis ...... + 19 % USt ...... Bruttopreis			
Einzelhandel	Nettopreis ...... + 19 % USt ...... Bruttopreis			
Summe				

d) Welchen Umsatzsteueranteil hat der Endverbraucher Herr Pautsch für die Holzbank zu zahlen?

e) Die Umsatzsteuerlast trägt der Endverbraucher, während die Umsatzsteuer für die Unternehmen ein „durchlaufender Posten" ist. Erläutern Sie diesen Begriff unter Berücksichtigung der Tabelle.

8.3   Wir weisen die Zahllast oder den Vorsteuerüberhang in der Bilanz aus

Handlungssituation

Im Dezember, dem letzten Monat des Abrechnungszeitraums der Fairtext GmbH, sollen die noch ausstehenden Geschäftsfälle in den Abteilungen Herrenwäsche und Damenoberbekleidung gebucht werden.

Frau Staudt und Anne Schulte haben die Belege zu folgenden Geschäftsfällen vor sich liegen:

Geschäftsfälle Abteilung Herrenwäsche	€
1. Die Barverkäufe für den Monat Dezember betragen insgesamt	8.330,00
2. Kauf von Herrenslips bei Firma STO AG auf Ziel (Nettopreis)	5.200,00
3. Kunden kaufen im Monat Dezember Herrenwäsche auf Ziel für insgesamt	11.305,00
4. Zieleinkauf von Unterhemden bei der Firma Hessing GmbH für eine geplante Aktion im Frühjahr (Bruttopreis)	17.850,00

Geschäftsfälle Abteilung Damenoberbekleidung	€
1. Die Barverkäufe für den Monat Dezember betragen insgesamt	99.960,00
2. Kauf von Damenoberbekleidung bei Firma Peter Pührt auf Ziel (Nettopreis)	101.150,00
3. Kunden kaufen im Monat Dezember Damenoberbekleidung auf Ziel für insgesamt	124.950,00
4. Reparatur einer Ladentür (Bruttopreis)	4.998,00

Frau Staudt beauftragt Anne damit, diese letzten Buchungen für die Abteilung auszuführen und die Passivierung der Zahllast bzw. die Aktivierung des Vorsteuerüberhangs vorzunehmen. Anne soll abschließend einen Bericht verfassen, in dem die wesentlichen Arbeitsschritte und Besonderheiten dieser Aufgabe festgehalten sind.

Handlungsaufgaben

1. Bevor Anne mit den Buchungen der Geschäftsfälle beginnt, bekommt sie von Frau Staudt den Auftrag, einige Begriffe zu definieren bzw. zu erläutern.
   a) Unterscheiden Sie Zahllast und Vorsteuerüberhang.
   b) Erläutern Sie kurz, wie es bei der Fairtext GmbH aus Buchhaltungssicht zu einer Zahllast und wie es zu einem Vorsteuerüberhang kommen kann.

Zahllast: _____

_____

_____

Vorsteuerüberhang:_____

_____

_____

2. Frau Staudt hat bereits die meisten Daten für die Schlussbilanzen bzw. die jeweiligen SBK der beiden Abteilungen der Fairtext GmbH gesammelt. Die letzten Aufgaben, um das SBK abzuschließen, soll nun Anne erledigen.

a) Tragen Sie die Buchungssätze zu den in der Ausgangssituation dargestellten Geschäftsfällen für die Abteilungen Herrenwäsche und Damenoberbekleidung ein, die Anne aufstellen muss.

Buchungssätze Abteilung Herrenwäsche	Soll	Haben
1.		
2.		
3.		
4.		

Buchungssätze Abteilung Damenoberbekleidung	Soll	Haben
1.		
2.		
3.		
4.		

b) Anne soll nun die Zahllast oder den Vorsteuerüberhang ermitteln, indem sie die Daten aus den Buchungssätzen in die entsprechenden unten stehenden Konten überträgt (Es sollen hier nur die konten „Vorsteuer" und „umsatzsteuer" betrachtet werden. Alle anderen Konteneinträge werden hier nicht berücksichtigt.).

I. Vor- und Umsatzsteuerkonto der Abteilung Herrenwäsche

II. Vor- und Umsatzsteuerkonto der Abteilung Damenoberbekleidung

c) Die Zahllast muss passiviert oder der Vorsteuerüberhang muss aktiviert werden am Ende eines Geschäftsjahres. Schließen Sie die oben stehenden Konten der Fairtext GmbH ab. Stellen Sie den jeweiligen Buchungssatz auf.

	Abschlussbuchungen der Abteilung Herrenwäsche	Soll	Haben
1.			
2.			

	Abschlussbuchungen der Abteilung Damenoberbekleidung	Soll	Haben
1.			
2.			

d) Frau Staudt gibt Anne nun die beiden SBK der Abteilung Herrenwäsche und der Abteilung Damenoberbekleidung. Anne soll die fehlenden Werte zur Passivierung der Zahllast bzw. zur Aktivierung des Vorsteuerüberhangs im SBK ergänzen. (Bitte die nicht relevante Position „Vorsteuer" oder „Umsatzsteuer" entsprechend streichen.)

S	SBK (Herrenwäsche)		H
Gebäude .... 320.000,00 €		EK	
BGA .... 86.000,00 €		Darlehen......................	150.000,00 €
Warenbestand .... 72.000,00 €		Verbindlichkeiten................	122.000,00 €
Forderungen .... 33.000,00 €		Umsatzsteuer	
Vorsteuer			
Bank .... 21.543,00 €			
Kasse .... 8.412,00 €			
	541.658,00 €		541.658,00 €

S	SBK (Damenoberbekleidung)		H
Gebäude........................ 240.000,00 €		EK	
BGA............................ 69.000,00 €		Darlehen.......................	184.000,00 €
Wareneingang.................. 145.000,00 €		Verbindlichkeiten................	156.435,00 €
Forderungen .... 23.000,00 €		Umsatzsteuer	
Vorsteuer			
Bank .... 12.453,00 €			
Kasse .... 16.534,00 €			
	505.987,00 €		505.987,00 €

8.4 Wir benutzen den Kontenplan und verwenden verschiedene Bücher in der Buchführung

Frau Staudt bringt neun Belege mit, die in der letzten Abrechnungsperiode angefallen sind. Darauf sind folgende Geschäftsfälle abgebildet:

1. Kauf von Waren bei Fa. Kierer KG auf Ziel, netto	5.000,00 €
2. Verkauf von Waren an Fa. Beckermann Moden auf Ziel, netto	45.000,00 €
3. Eingangsrechnung für die Reparatur mehrerer Fenster, netto	2.800,00 €
4. Umwandlung einer Lieferantenschuld (PAGRO AG) in eine Darlehensschuld	8.000,00 €
5. Zahlung von Löhnen durch Banküberweisung	6.000,00 €
6. Zahlung der Zahllast durch Banküberweisung	11.200,00 €
7. Zahlung der Miete für eine Lagerhalle durch Banküberweisung	3.800,00 €
8. Provisionszahlung bar	2.500,00 €
9. Banküberweisung für Darlehenstilgung	5.000,00 €
für Darlehenszinsen	1.200,00 €

Des Weiteren hat Frau Staudt eine Übersicht über die Anfangsbestände der Sachkonten (in €) mitgebracht:

0210 Grundstücke	330.000	1310 Bank	92.900
0230 Bauten auf eig. Grundstücken	510.000	1510 Kasse	5.450
0330 Betriebs- und Geschäftsausstattung	62.900	1710 Verbindlichkeiten a. LL	119.600
0610 Eigenkapital	?	1810 Umsatzsteuer	11.200
0820 Verbindl. gegenüber Kreditinstituten	698.000	3900 Warenbestände	404.850
1010 Forderungen	96.500		

Weitere Konten: 1410, 1610, 1810, 2120, 3010, 3900, 4010, 4110, 4500, 4710, 8010, 9100, 9300, 9400
Abschlussangaben:
Warenschlussbestand lt. Inventur: 385.000,00 €

Anne bekommt von Frau Staudt den Auftrag, die Geschäftsfälle als Buchungssätze im Grundbuch aufzustellen. Neben der „normalen" Aufstellung der Buchungssätze soll Anne dieses Mal parallel eine Aufstellung nur mit den jeweiligen Kontonummern des Großhandelskontenrahmens vornehmen.

Außerdem soll Anne das Hauptbuch führen, um die Geschäftsfälle dieser Abrechnungsperiode ordnungsgemäß abzuschließen.

Die Abteilungen Einkauf und Verkauf möchten jeweils eine aktuelle detaillierte Offene-Posten-Liste über die Kunden bzw. Lieferanten haben.

1. Anne soll zunächst den Aufbau des Kontenrahmens für den Groß- und Außenhandel ergründen. Beschreiben Sie die einzelnen Kontoklassen kurz und nennen Sie wesentliche Konten.

Kontoklasse	Beschreibung/Beispiel
Kontoklasse 0	
Kontoklasse 1	

Kontoklasse	Beschreibung/Beispiel
Kontoklasse 2	
Kontoklasse 3	
Kontoklasse 4	
Kontoklasse 5	
Kontoklasse 6	
Kontoklasse 7	
Kontoklasse 8	
Kontoklasse 9	

2. Anschließend soll Anne den Industriekontenrahmen untersuchen. Beschreiben Sie die einzelnen Kontoklassen kurz und nennen Sie wesentliche Konten.

Kontoklasse	Beschreibung/Beispiel
Kontoklasse 0	
Kontoklasse 1	
Kontoklasse 2	
Kontoklasse 3	
Kontoklasse 4	
Kontoklasse 5	
Kontoklasse 6	

Kontoklasse	Beschreibung/Beispiel
Kontoklasse 7	
Kontoklasse 8	
Kontoklasse 9	

3. Frau Staudt sagt, dass die Hoffmann KG wie andere Unternehmen auch immer mit einem Kontenrahmen arbeitet. Geben Sie an, welche Vorteile dies bringt.

4. Kreuzen Sie an, welche Aussage über Kontenrahmen und Kontenplan richtig ist.

	Kontenpläne werden von Wirtschaftsverbänden und Kontenrahmen von Landesregierungen herausgegeben.
	Kontenrahmen werden von Wirtschaftsverbänden und Kontenpläne von Landesregierungen herausgegeben.
	Kontenrahmen sind lediglich Empfehlungen an die Unternehmen, Kontenpläne sind dagegen gesetzliche Rahmenvereinbarungen.
	Kontenrahmen und Kontenplan sind immer identisch und gesetzlich von der Bundesregierung vorgeschrieben.
	Kontenrahmen werden von Wirtschaftsverbänden herausgegeben und Kontenpläne von den einzelnen Unternehmen erstellt.

5. Frau Staudt erklärt Anne, dass die Kontonummern immer vierstellig sind. Erklären Sie mit eigenen Worten, welche Informationen in diesen vier Ziffern stecken.

6. Anne soll die neun Geschäftsfälle im Grundbuch sowohl ohne als auch mit Kontonummern parallel aufstellen. Dazu ist es notwendig, dass sie sich den Kontenplan für den Groß- und Außenhandel ansieht.

   a) Geben Sie an, wie das Grundbuch noch genannt wird und was es beinhaltet.

   b) Stellen Sie die Buchungssätze einmal ohne Kontonummern in Textform auf und parallel daneben nur mit der entsprechenden Kontonummer des Großhandelskontenrahmens.

Nr.	Buchungssätze (ohne Nummern)	Buchungssätze (nur die Nummern)	Soll	Haben
1.				
2.				
3.				
4.				
5.				

Nr.	Buchungssätze (ohne Nummern)	Buchungssätze (nur die Nummern)	Soll	Haben
6.				
7.				
8.				
9.				

c) Stellen Sie dann die Buchungssätze einmal ohne Kontonummern in Textform auf und parallel daneben nur mit der entsprechenden Kontonummer des Industriekontenrahmens. Es wird in dieser Aufgabe davon ausgegangen, dass es um den Einkauf und Verkauf von Handelswaren geht.

Nr.	Buchungssätze (ohne Nummern)	Buchungssätze (nur die Nummern)	Soll	Haben
1.				
2.				
3.				
4.				
5.				
6.				
7.				
8.				
9.				

7. Die Daten des Grundbuches sollen nun ins Hauptbuch übertragen werden. Nennen Sie die Inhalte des Hauptbuchs.

8. Durch die Neuaufnahme einer Produktkategorie erhielt die Fairtext GmbH in den letzten Monaten nicht nur viele neue Lieferanten, sondern auch neue Kunden. Anne soll nun das Kontokorrentbuch auf Basis der Daten der Ausgangssituation aktualisieren.

a) Erstellen Sie das neue Kontokorrentbuch zum Ende der Abrechnungsperiode.

Nebenbuch: Kontokorrentbuch – Lieferantenbuch und Kundenbuch zu Beginn der Abrechnungsperiode

Bestände der Lieferanten (O-P-Liste der Kreditoren)				Bestände der Kunden (O-P-Liste der Debitoren)			
L.-Nr.	Kreditoren	Beleg-Nr.	Betrag	Kd.-Nr.	Debitoren	Beleg-Nr.	Betrag
17101	Ernst Puszkat KG	1	18.400	10101	ELKO AG	6	12.300
17102	Kierer KG	2	26.300	10102	Gertrud Schön e. Kffr.	7	24.800
17103	PAGRO AG	3	46.900	10103	Silke Bachmann e. Kffr.	8	3.400
17104	Wodsack KG	4	9.800	10104	Beckermann Moden	9	28.400
17105	Alber & Bayer GmbH & Co. KG	5	18.200	10105	Kaufhier Warenhaus AG	10	27.600
	Gesamtbetrag:		119.600			Gesamtbetrag:	96.500

Nebenbuch: Kontokorrentbuch – Lieferantenbuch und Kundenbuch zum Ende der Abrechnungsperiode

Bestände der Lieferanten (O-P-Liste der Kreditoren)				Bestände der Kunden (O-P-Liste der Debitoren)			
L.-Nr.	Kreditoren	Beleg-Nr.	Betrag	Kd.-Nr.	Debitoren	Beleg-Nr.	Betrag
17101	Ernst Puszkat KG	1		10101	ELKO AG	6	
17102	Kierer KG	2		10102	Gertrud Schön e. Kffr.	7	
17103	PAGRO AG	3		10103	Silke Bachmann e. Kffr.	8	
17104	Wodsack KG	4		10104	Beckermann Moden	9	
17105	Alber & Bayer GmbH & Co. KG	5		10105	Kaufhier Warenhaus AG	10	
	Gesamtbetrag:					Gesamtbetrag:	

b) Begründen Sie, warum der Gesamtbetrag der Kreditorenliste nicht identisch mit dem Schlussbestand der Verbindlichkeiten ist. Erläutern Sie, wie die Differenz zustande kommt.

c) Begründen Sie, warum Debitoren- und Kreditorenlisten geführt werden.

d) Definieren Sie den Begriff „Offene Posten".

e) Nennen Sie drei weitere Nebenbücher, die die Fairtext GmbH führen kann, und begründen Sie kurz, warum die Fairtext GmbH diese führen sollte.

Nebenbuch	Begründung

8.5 Wir buchen Besonderheiten beim Ein- und Verkauf von Waren

Frau Staudt und Anne Schulte aus der Abteilung Rechnungswesen der Fairtext GmbH bekommen zwei Belege auf ihren Schreibtisch. Der erste Beleg zeigt eine Rechnung vom Lieferanten Alber & Bayer GmbH & Co. KG und der andere eine Rechnung, die die Fairtext GmbH dem Kunden Franz Stallmann Fashion OHG ausgestellt hat. Zu beiden Belegen sind noch weitere Angaben vorhanden.

Einkauf   **Verkauf**

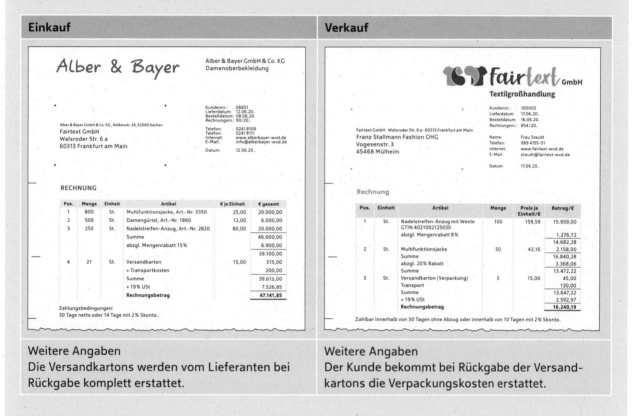

Weitere Angaben

Die Versandkartons werden vom Lieferanten bei Rückgabe komplett erstattet.

Weitere Angaben

Der Kunde bekommt bei Rückgabe der Versandkartons die Verpackungskosten erstattet.

Frau Staudt erklärt Anne, dass beim Buchen dieser Belege die Bezugs- und Vertriebskosten, Rabatte, Rücksendungen und Preisnachlässe sowie Zahlungen unter Abzug von Skonto berücksichtigt werden müssen. Anne bekommt den Auftrag, diese beiden Belege zu buchen.

1. Anne und Frau Staudt betrachten zunächst die Eingangsrechnung der Firma Alber & Bayer GmbH & Co. KG. Frau Staudt nennt dabei die Begriffe „Anschaffungskosten" und „Anschaffungsnebenkosten". Erläutern Sie diese beiden Begriffe kurz.

Begriff	Erläuterung
Anschaffungskosten	
Anschaffungsnebenkosten	

2. Anne soll nun den Buchungssatz für die Eingangsrechnung der Firma Alber & Bayer GmbH & Co. KG aufstellen.
   a) Geben Sie den Buchungssatz bei Rechnungseingang am 12.06. an.

Buchungssatz	Soll	Haben

   b) Beschreiben Sie, wie der Mengenrabatt auf der Eingangsrechnung buchhalterisch berücksichtigt wird.
   c) Leider hat sich herausgestellt, dass 40 Multifunktionsjacken beschädigt sind. Drei Tage später, am 15.06., holt der Lieferant Alber & Bayer GmbH & Co. KG daher die beschädigten Jacken und 18 gelieferte Versandkartons ab. Die Fairtext GmbH bekommt diese entsprechend erstattet. Geben Sie den Buchungssatz für diesen Vorgang an.

Buchungssatz	Soll	Haben

   d) Am 25.06. soll Anne den Restbetrag an den Lieferanten Alber & Bayer GmbH & Co. KG durch Banküberweisung begleichen. Hierbei soll sie Skontoabzug berücksichtigen. Geben Sie den Buchungssatz an.

Buchungssatz	Soll	Haben

3. Als Nächstes muss die Ausgangsrechnung vom 17.06. an die Franz Stallmann Fashion OHG buchhalterisch erfasst werden. Frau Staudt erklärt Anne, dass die Vertriebskosten manchmal auf Aufwandskonten gebucht werden und manchmal auf dem Warenverkaufskonto. Erläutern Sie, wann wie zu verfahren ist.
4. Die Fracht zum Kunden wurde von der Spedition Schnell & Gut KG übernommen. Die Spedition sendet eine Rechnung über den Nettobetrag von 130,00 €.
   a) Geben Sie den Buchungssatz an.

Buchungssatz	Soll	Haben

b) Geben Sie den Buchungssatz für die Buchung der Ausgangsrechnung an.

Buchungssatz	Soll	Haben

c) Die Franz Stallmann Fashion OHG gibt bei Anlieferung die drei Versandkartons zurück. Hier erhält der Kunde eine entsprechende Gutschrift. Buchen Sie diese Gutschrift über einen Stückwert von 15,00 € (netto).

Buchungssatz	Soll	Haben

d) Am 27.06. überweist die Franz Stallmann Fashion OHG die Rechnung vom 17.06. auf das Bankkonto der Fairtext GmbH unter Berücksichtigung der Gutschrift und eines Abzugs von 2 % Skonto. Geben Sie den Buchungssatz an.

Buchungssatz	Soll	Haben

5. Frau Staudt hat bereits die Konten vorbereitet, auf denen die in Aufgabe 2 und 4 erstellten Buchungssätze übertragen werden müssen. Anne soll die Konten entsprechend abschließen.

a) Schließen Sie die unten stehenden Konten unter Berücksichtigung der angegebenen Anfangsbestände ab. Berücksichtigen Sie dabei folgende Angaben:
   - Das Geschäftsjahr endet am 30.06. Daher muss ein SBK erstellt werden.
   - Die Zahllast oder der Vorsteuerüberhang wird am 30.06 passiviert bzw. aktiviert.
   - Die Warenbestandsmehrungen im Abrechnungszeitraum betragen 36.750,00 €.
   - Alle nicht aufgeführten Bestands- und Erfolgskonten wurden bereits von Frau Tegtmeyer abgeschlossen und in die GuV bzw. das SBK übertragen.

S	0610 Eigenkapital		H
		9100	677.500,00

S	1010 Forderungen		H
	9100	150.050,00	

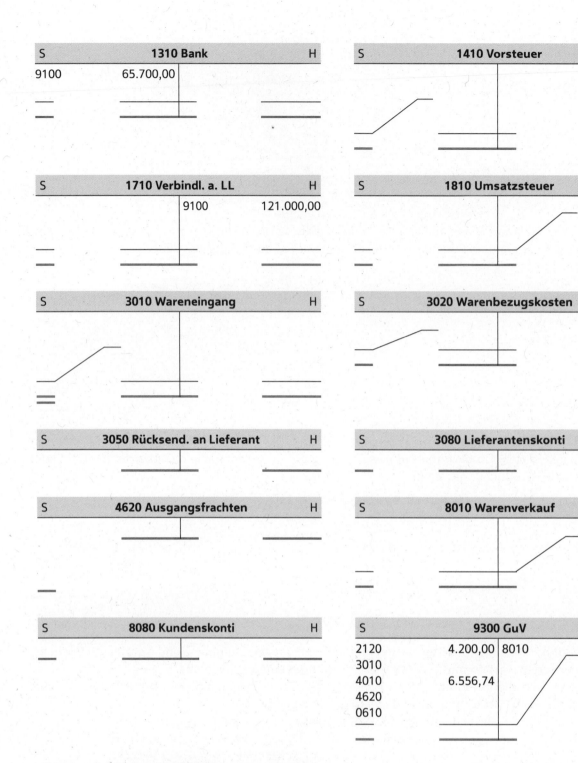

S	1310 Bank		H
9100	65.700,00		

S	1410 Vorsteuer		H

S	1710 Verbindl. a. LL		H
		9100	121.000,00

S	1810 Umsatzsteuer		H

S	3010 Wareneingang		H

S	3020 Warenbezugskosten		H

S	3050 Rücksend. an Lieferant		H

S	3080 Lieferantenskonti		H

S	4620 Ausgangsfrachten		H

S	8010 Warenverkauf		H

S	8080 Kundenskonti		H

S	9300 GuV		H
2120	4.200,00	8010	
3010			
4010	6.556,74		
4620			
0610			

S	9400 SBK		H
0210	330.000,00	0610	
0230	510.000,00	0820	701.000,00
0330	62.900,00	1710	
3900	405.117,71		
1010			
1310			
1410			
1510	1.725,55		

b) Erstellen Sie die Abschlussbuchungen für folgende Konten:
- 3020 Warenbezugskosten, 3050 Rücksendungen an Lieferant, 3080 Lieferantenskonti
- 8080 Kundenskonti

Buchungssatz	Soll	Haben

8.6 Wir buchen im Industriebetrieb selbst erstellte Erzeugnisse

Handlungssituation

Anne Schulte ist derzeit im Rechnungswesen der Fairtext GmbH eingesetzt und hilft Amir Schwanitz bei der Buchführung.

Herr Schwanitz: „Bei der Neuausrichtung unserer Buchführung auf das industrielle Rechnungswesen kommt es hinsichtlich der durch uns produzierten Textilien und Fahrräder immer wieder zu Problemen. Da wir die Produkte selbst herstellen, können wir die eingekauften Materialien nicht als Waren verbuchen."

Anne: „Ich habe bereits von Frau Staudt erfahren, dass es bei der Industriebuchführung darauf ankommt, Roh-, Hilfs- und Betriebsmittel sowie Vorprodukte voneinander zu unterscheiden."

Herr Schwanitz: „Dass Sie sich schon so gut auskennen, ist ja toll. Dann können wir gleich beginnen. Ich hoffe, Sie kennen auch bereits die Unterschiede zwischen fertigen und unfertigen Erzeugnissen. Das ist eine der Grundlagen für die Aufgabe, mit der Sie unsere Abteilung unterstützen können."

Anne: „Mit unfertigen und fertigen Erzeugnissen habe ich mich bereits beschäftigt. Um was geht es denn bei unserer nächsten Aufgabe?"

Herr Schwanitz: „Wir müssen noch einige Buchungen aus der letzten Periode vornehmen. Der Eröffnungsbilanz ist zu entnehmen, dass der Anfangsbestand der Rohstoffe 50.000,00 € betrug. Zu Beginn des Jahres waren Hilfsstoffe im Wert von 20.000,00 € im Unternehmen vorhanden. Am Ende der letzten Periode hatten wir keine Vorprodukte im Lager, allerdings waren noch Betriebsstoffe im Wert von 5.000,00 € vorrätig. Weiterhin wurden unfertige Erzeugnisse im Wert von 10.000,00 € und fertige Erzeugnisse im Wert von 15.000,00 € gelagert. Im Laufe der vergangenen Periode wurden folgende Einkäufe getätigt:

Nr.	Datum	Einkauf	Betrag in €
1	10.01.20XX	Rohstoffe	15.000,00
2	29.04.20XX	Hilfsstoffe	10.000,00
3	24.07.20XX	Vorprodukte	7.000,00
4	07.10.20XX	Rohstoffe	35.000,00
5	17.10.20XX	Vorprodukte	13.000,00

Vor kurzer Zeit haben die Mitarbeiterinnen und Mitarbeiter aus dem Lager die Inventur abgeschlossen. Es sind Rohstoffe im Wert von 40.000,00 € vorrätig. Der Wert der Hilfsstoffe beläuft sich auf 23.000,00 €, während sich Betriebsstoffe im Wert von 2.000,00 € im Lager befinden. Mit Abschluss der Inventur lagern Vorprodukte im Wert von 10.000,00 € im Unternehmen. Darüber hinaus konnten wir zum Stichtag unfertige und fertige Erzeugnisse vorweisen. Der Wert unfertiger Erzeugnisse beläuft sich auf 5.000,00 € und der Wert der fertigen Erzeugnisse wird mit 45.000,00 € angegeben. Über die Periode hinweg wurden mit dem Verkauf eigener Erzeugnisse Umsatzerlöse in Höhe von 240.000,00 € erzielt."

Anne: „Das klingt ja nach viel Arbeit, aber ich denke, ich sollte das hinbekommen."

Herr Schwanitz: „Vielen Dank für Ihre Unterstützung. Sie können mir nachher die Ergebnisse vorstellen."

Handlungsaufgaben

1. Argumentieren Sie, warum ein auf Industriebetriebe ausgerichtetes Rechnungswesen erforderlich ist und die Übernahme der Buchführung von Handelsbetrieben nicht ausreicht.
2. Erfassen Sie den oben beschriebenen Sachverhalt buchhalterisch.
   a) Stellen Sie die Geschäftsfälle aus der Situation als Buchungssätze in einer sinnvollen Reihenfolge im Grundbuch auf.
   b) Buchen Sie auf Grundlage der Buchungssätze die Geschäftsfälle im Hauptbuch.
   c) Schließen Sie die Konten über „GuV" und „SBK" im Hauptbuch ab und notieren Sie die entsprechenden Buchungssätze dazu im Grundbuch.

Buchungssatz	Soll	Haben

Buchungssatz	Soll	Haben
		175
Buchungssatz	Soll	Haben

Buchungssatz	Soll	Haben

S	Aufwendungen für Rohstoffe	H		S	Rohstoffe	H

S	Aufwendungen für Hilfsstoffe	H		S	Hilfsstoffe	H

S	Aufwendungen für Betriebsstoffe	H		S	Betriebsstoffe	H

S	Aufwendungen für Vorprodukte	H		S	Vorprodukte	H

S	Unfertige Erzeugnisse	H

S	Bestandsveränd. – Unfertige Erzeugnisse	H

S	Fertige Erzeugnisse	H

S	Bestandsveränd. – Fertige Erzeugnisse	H

S	Umsatzerlöse für eigene Erzeugnisse	H

S	GuV	H

S	SBK	H

1. Vervollständigen Sie die Übersicht mit den folgenden Begriffen:

Bestandsveränderungen – Umsatzerlöse für eigene Erzeugnisse – Abschlussbuchungen – eigenkauften Werkstoffe – SBK – Bestandsveränderungen – Unfertige Erzeugnisse

Abfolge der Buchungen von im Industrieunternehmen selbst produzierten Erzeugnissen:

Buchung der _____

Beispiel:
Aufwendungen für Rohstoffe
Vorsteuer
        an Verbindlichkeiten

Buchung der verkauften Erzeugnisse

Beispiel:
Forderungen
     an _____
     an Umsatzsteuer

Buchung der _____ **beim Jahreswechsel**

Beispiel:
Aufwendungen für Hilfsstoffe
    an Hilfsstoffe

Buchung der Bestandsveränderungen unfertiger und fertiger Erzeugnisse

Beispiel:

_____
    an Unfertige Erzeugnisse

_____ **am Jahresende (GuV)**

Beispiel:
GuV
    an Aufwendungen für Hilfsstoffe

Abschlussbuchung am Jahrsende (_____ **)**

Beispiel:
SBK
    an Fertige Erzeugnisse

2. Erläutern Sie die Unterschiede zwischen Roh-, Hilfs- und Betriebsstoffen.
3. Beschreiben Sie, wofür Vorprodukte benötigt werden.
4. Zählen Sie jeweils zwei Beispiele zu den folgenden Werkstoffen auf.
   a) Rohstoffe
   b) Hilfsstoffe
   c) Betriebsstoffe
   d) Vorprodukte
5. Kreuzen Sie in der Tabelle an, ob es sich bei den folgenden Konten um Bestands- oder Erfolgskonten handelt.

Konto	Bestandskonto	Erfolgskonto
Umsatzerlöse für eigene Erzeugnisse		
Aufwendungen für Rohstoffe		
Hilfsstoffe		
Verbindlichkeiten		
Forderungen		
Betriebsstoffe		
Aufwendungen für Vorprodukte		
Vorsteuer		
Bestandsveränderungen – Unfertige Erzeugnisse		
Unfertige Erzeugnisse		
Fertige Erzeugnisse		
Bestandsveränderungen – Fertige Erzeugnisse		

6. Erstellen Sie die Buchungssätze für die folgenden Geschäftsfälle der Bauer GmbH.
   a) Eingekaufte Werkstoffe:
      – Einkauf von Hilfsstoffen am 13.01. im Wert von 6.000 € netto
      – Einkauf von Rohstoffen am 17.06. im Wert von 23.800 € brutto
      – Einkauf von Betriebsstoffen am 18.09. im Wert von 2.000 € netto

Buchungssatz	Soll	Haben

   b) Verkaufte Erzeugnisse:
      – Verkauf hergestellter Produkte am 30.06. im Wert von 80.000 € netto
      – Verkauf hergestellter Produkte am 30.12. im Wert von 142.800 € brutto

Buchungssatz	Soll	Haben

7. Buchen Sie die in Aufgabe 6 erstellten Buchungssätze in den entsprechenden Konten und beachten Sie die folgenden Anfangsbestände sowie die Information zur Inventur.

Anfangsbestände

Rohstoffe:	10.000,00 €
Hilfsstoffe:	2.000,00 €
Betriebsstoffe:	4.000,00 €
Fertige Erzeugnisse:	20.000,00 €

Zum 31.12. befinden sich lt. Inventur ...

... Rohstoffe im Wert von 15.000,00 € im Lager.
... Hilfsstoffe im Wert von 1.000,00 € im Lager.
... Betriebsstoffe im Wert von 5.000,00 € im Lager.
... Fertige Erzeugnisse im Wert von 9.000,00 € im Lager.

S	Aufwendungen für Rohstoffe	H		S	Rohstoffe	H

S	Aufwendungen für Hilfsstoffe	H		S	Hilfsstoffe	H

S	Aufwendungen für Betriebsstoffe	H		S	Betriebsstoffe	H

S	Fertige Erzeugnisse	H		S	Umsatzerlöse für eigene Erzeugnisse	H

8. Erstellen Sie die Buchungssätze für die Bestandsveränderungen beim Jahreswechsel und buchen Sie diese in den entsprechenden Konten (vgl. Aufgaben 6 und 7).

Buchungssatz	Soll	Haben

Buchungssatz	Soll	Haben

S	Aufwendungen für Rohstoffe	H

S	Rohstoffe	H

S	Aufwendungen für Hilfsstoffe	H

S	Hilfsstoffe	H

S	Aufwendungen für Betriebsstoffe	H

S	Betriebsstoffe	H

S	Fertige Erzeugnisse	H

S	Bestandsveränd. – Fertige Erzeugnisse	H

S	Umsatzerlöse für eigene Erzeugnisse	H

9. Erstellen Sie die Buchungssätze für die Abschlussbuchungen am Jahresende und schließen Sie somit die entsprechenden Konten (über die Konten GuV sowie SBK) ab (vgl. Aufgaben 6 und 7).

Buchungssatz	Soll	Haben

181

Buchungssatz	Soll	Haben

S	Aufwendungen für Rohstoffe	H

S	Rohstoffe	H

S	Aufwendungen für Hilfsstoffe	H

S	Hilfsstoffe	H

S	Aufwendungen für Betriebsstoffe	H

S	Betriebsstoffe	H

S	Fertige Erzeugnisse	H

S	Bestandsveränd. – Fertige Erzeugnisse	H

S	Umsatzerlöse für eigene Erzeugnisse	H

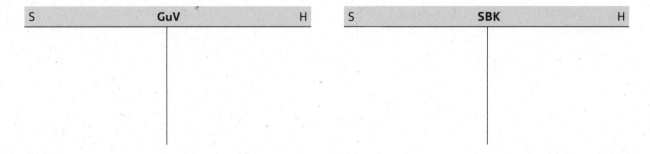

S	GuV	H		S	SBK	H

10. Erläutern Sie, inwiefern sich die Bestandsveränderungen auf den Gewinn eines Unternehmens auswirken.

8.7 Wir korrigieren Abweichungen zwischen Ist-Beständen aus der Inventur und Soll-Beständen aus der Buchführung

Handlungssituation

Anne Schulte ist derzeit bei Frau Tegtmeyer im Rechnungswesen eingesetzt.

Sie soll ihr bei der Erstellung des Jahresabschlusses für die Fairtext GmbH helfen. Im Unternehmen wurde gerade die Inventur durchgeführt.

Frau Tegtmeyer: „Heute habe ich eine besonders spannende Aufgabe für Sie."

Anne: „Oh, wirklich? Was ist es denn?"

Frau Tegtmeyer: „Wie Sie wissen, wurde ja gerade die Inventur durchgeführt. Die Bestände aus der Inventur wurden zum Teil durch körperliche Inventur gewonnen und zum Teil durch die Buchinventur. Wissen Sie, was das ist?"

Anne: „Ja klar. Das haben wir in der Schule schon besprochen und ich habe es ja auch hier im Unternehmen miterlebt."

Frau Tegtmeyer: „Gut. Dann können Sie ja loslegen. Sie sollen zunächst einmal die aufgetretenen Inventurdifferenzen finden und natürlich anschließend klären, woher die Differenzen stammen. Kriegen Sie das hin?"

Anne: „Naja, da muss ich mich erst einmal informieren. Ich kenne bisher nur die Inventurverfahren. Von Differenzen und deren Behandlung habe ich noch nichts gehört."

Frau Tegtmeyer: „Das ist kein Problem. Sie sind ja schließlich in der Ausbildung. Informieren Sie sich zunächst darüber, wie es überhaupt zu Inventurdifferenzen kommt, und dann erledigen Sie die Aufgaben. Ich würde dann natürlich auch gerne Vorschläge von Ihnen erhalten, wie wir die Differenzen beseitigen."

Anne: „Ich werde mein Bestes probieren."

Frau Tegtmeyer: „Gut, dann sehen wir uns nachher. Hier erhalten Sie von mir einen zusammengefassten Ausdruck der Inventurliste und die Bilanz, die sich aus den aktuellen Werten der Buchführung ergibt. Stellen Sie mir dann nachher bitte Ihre Ergebnisse vor."

AKTIVA		vorläufige Bilanz zum 31.12.20..		PASSIVA
I. Anlagevermögen		I. Eigenkapital		1.573.750,00
1. Bebaute Grundstücke	460.000,00	II. Fremdkapital		
2. Gebäude	896.000,00	1. Darlehen		657.600,00
3. Techn. Anl. u. Maschinen	235.500,00	2. Verbindlichkeiten aLL		186.300,00
4. Fuhrpark	81.400,00	3. übrige sonst. Verb.		110.800,00
5. BGA	30.200,00			
II. Umlaufvermögen				
1. Waren	687.200,00			
2. Forderungen aLL	110.200,00			
3. Bank	26.100,00			
4. Kasse	1.850,00			
	2.528.450,00			2.528.450,00

Zusammengefasste Inventarwerte

A. Vermögen	Quelle	€	€	€
I. Anlagevermögen				
1. Bebaute Grundstücke	Inventur	460.000,00		
2. Gebäude	Inventur	896.000,00		
3. Technische Anlagen und Maschinen	Inventur	234.500,00		
4. Fuhrpark	Inventur	81.400,00		
5. Betriebs- und Geschäftsausstattung	Inventur	31.200,00		
			1.703.100,00	
II. Umlaufvermögen				
1. Waren	Inventur	687.000,00		
2. Forderungen aus LL	Buchführung	110.200,00		
3. Bank	Inventur	24.100,00		
4. Kasse	Inventur	3.800,00		
			825.100,00	
Vermögen gesamt				**2.528.200,00**
B. Schulden				
1. Darlehen	Buchführung	657.600,00		
2. Verbindlichkeiten aus LL	Buchführung	186.300,00		
3. Übrige sonstige Verbindlichkeiten	Buchführung	110.800,00		
Schulden gesamt			**954.700,00**	**954.700,00**
C. Reinvermögen (Eigenkapital)				
A. Vermögen		2.528.200,00		
– B. Schulden		– 954.700,00		
= C. Reinvermögen		**1.573.500,00**		**1.573.500,00**

1. Erläutern Sie mit eigenen Worten, was eine Inventurdifferenz ist und wie man sie identifiziert.
2. Finden Sie die Inventurdifferenzen, die sich aus den vorliegenden Daten der Fairtext GmbH ergeben. Führen Sie die Differenzen in der folgenden Lösungstabelle auf. Geben Sie die Bilanzposition und die Höhe der Inventurdifferenz an.

	Bilanzposition	Wert lt. Bilanz	Wert lt. Inventar	Differenz Bilanz zu Inventar
1				
2				
3				
4				
5				

3. Geben Sie mögliche Gründe für das Vorliegen von Inventurdifferenzen an.
4. Geben Sie die Möglichkeiten zur Korrektur von Inventurdifferenzen an. Erläutern Sie die Möglichkeiten kurz anhand eines Beispiels.

Korrekturmöglichkeit	Kurzerläuterung	Beispiel (individuelle Antworten)

5. Anne hat sich nunmehr einen Überblick über die möglichen Gründe für die Inventurdifferenzen verschafft und sie hat die Inventurdifferenzen gefunden. Sie macht sich auf die Suche nach den Fehlerquellen, um die Differenzen beseitigen zu können.
   a) Geben Sie an, wie und wo Sie nach den Ursachen für die Fehler suchen würden.
   b) Bei ihren Recherchen hat Anne folgende Sachen herausgefunden:

Inventurdifferenz 1 und 2:

Düwel Bürotechnik

Düwel Bürotechnik | Nußriede 23 | 30627 Hannover

Fairtext GmbH
Walsroder Str. 6 a
60313 Frankfurt am Main

Kunde Nr.:	12005
Lieferdatum:	12.10.20..
Bestelldatum:	23.09.20..
Sachbearbeiter/-in:	KRS
Telefon:	0511 3550-16
Telefax:	0511 3550-01
E-Mail:	krs@duewel-buero-wvd.de
Rechnung Nr.:	743/20..
Rechnungsdatum:	12.10.20..

Rechnung

Pos.	Artikel-Nr.	Artikelbezeichnung	Menge und Einheit	Einzelpreis	Gesamtpreis
1	222341	Schreibtisch „Dansk"	2	550,00	1.100,00
Gesamtpreis					1.100,00
Rabatt				10 %	–100,00
Warenwert					1.000,00
Umsatzsteuer				19 %	190,00
Rechnungsbetrag					1.190,00

Rechnungsbetrag zahlbar innerhalb von 30 Tagen netto.

Gebucht			
Konto	SOLL	Konto	HABEN
		Kürzel:	
Datum:			

Inventurdifferenz 3:

Zu dieser Differenz konnte Anne nichts finden. Ein Abgleich aller Wareneingänge mit den erfassten Buchungen hat ergeben, dass alle Wareneingänge korrekt in der Buchführung erfasst worden sind. Gleiches gilt für die Warenausgänge.

Anne hat im nächsten Schritt die Bestände laut Buchführung mit den Beständen laut Inventur abgeglichen. Dabei ist ihr aufgefallen, dass in der Inventurliste Fehlbestand vorhanden ist. Eigentlich hätte eine Herrenuhr des Modells „Arnoldo" mehr vorhanden sein müssen, als gezählt wurde. Der Einkaufspreis dieser Uhr beträgt genau 200,00 €.

Inventurdifferenz 4:

Zum Klären dieser Differenz hat Anne die Kontoauszüge mit den Buchungen in der Primanota abgeglichen. Dabei ist sie auf folgenden Sachverhalt gestoßen

Auszug aus der Primanota:

Lfd.-Nr.	Umsatz €	BU Gkto	Beleg1	Datum	Konto	Kost1	Buchungstext
...							
97	– 16.041,50	1910	1	07.01.	1310		Rg. 243/.. M. Kaiser
98	2.000,00	1510	1	09.01.	1310		Bareinzahlung aus Kasse
99	2.000,00	1510	1	09.01.	1310		Bareinzahlung aus Kasse
100	11.900,00	1010	1	09.01.	1310		Rg. 1224/.. Stallmann OHG
...							

	Kontonummer	erstellt am	Auszug	Blatt
Commerzbank Frankfurt	**141 919 100**	09.01.20..	5	1/1
BLZ 500 400 00	**Kontoauszug**			

Bu.-Tag	Wert	Vorgang	alter Kontostand	20.898,67 +
07.01.20..	07.01.20..	Martin Kaiser Rg. 243/.. vom 17.12.20..		16.041,50 –
08.01.20..	09.01.20..	Bareinzahlung		2.000,00 +
08.01.20..	09.01.20..	Franz Stallmann Fashion OHG Rg. 1224/.. vom 22.12.20..		11.900,00 +

neuer Kontostand vom 09.01.20 ..   18.757,17 € +

Fairtext GmbH
Walsroder Str. 6 a
60313 Frankfurt am Main

USt-IdNr.: DE 183 034 912
IBAN: DE09 5004 0000 0141 9191 00 BIC: COBADEFF

Inventurdifferenz 5:

Die Differenz in der Kasse, das ist Anne Schulte sofort klar, muss einerseits mit Differenz in der Bank zusammenhängen. Außerdem stellt sie fest, dass das Kassenbuch genau am 31.12.. nicht stimmt. Bei der Abrechnung am Ende des Geschäftstages fehlten 50,00 € in der Kasse.

Klären Sie die Gründe für die Inventurdifferenzen auf. Halten Sie Ihre Überlegungen in dem folgenden Lösungsfeld fest. Die Fehler müssen nun noch beseitigt werden. Geben Sie, falls notwendig, die Korrekturbuchungen an, um die Inventurdifferenzen zu beseitigen.

Inventurdifferenz 1 und 2:

Nr.	Buchungssatz	Soll	Haben

Inventurdifferenz 3:

Inventurdifferenz 4:

Nr.	Buchungssatz	Soll	Haben

Inventurdifferenz 5:

Nr.	Buchungssatz	Soll	Haben

6. Erstellen Sie die endgültige Schlussbilanz der Fairtext GmbH, die sich ergibt, nachdem Sie die Korrekturen vorgenommen haben.

AKTIVA	endgültige Bilanz zum 31.12.20..	PASSIVA
I. Anlagevermögen	I. Eigenkapital	
1. Bebaute Grundstücke	II. Fremdkapital	
2. Gebäude	1. Darlehen	
3. Techn. Anl. u. Maschinen	2. Verbindlichkeiten aLL	
4. Fuhrpark	3. übrige sonst. Verb.	
5. BGA		
II. Umlaufvermögen		
1. Waren		
2. Forderungen aLL		
3. Bank		
4. Kasse		

7. Machen Sie sich kurze Notizen, die Sie in das Gespräch mit Frau Tegtmeyer nehmen können, damit Sie eine kleine Hilfestellung haben, wenn Sie ihr Ihre Ergebnisse vortragen. Schließlich wollen Sie nicht jedes Wort ablesen, sondern einen flüssigen Vortrag halten.

8.8 Wir buchen die Privateinlagen und Privatentnahmen

Handlungssituation

Die Franz Stallmann Fashion OHG ist ein Einzelunternehmen aus Mülheim (ein Kunde der Fairtext GmbH) und wird von den Gesellschaftern Franz Stallmann und Sabine Meister geführt. Die Gesellschafter haben im Laufe des Jahres mehrfach privat Bargeldbeträge, Waren und andere Leistungen aus dem Unternehmen entnommen und auch eingezahlt. Diese Privathandlungen sind nachfolgend in der Tabelle aufgeführt. Nina Kröger, die Auszubildende bei der Franz Stallmann Fashion OHG, soll diese privaten Vorgänge buchen.

Herr Stallmann		Frau Meister	
Datum	**Beschreibung**	**Datum**	**Beschreibung**
10.01.	Er überweist 20.000,00 € vom Bankkonto des Unternehmens auf sein Privatkonto, um einen Anbau an seinem Wohnhaus zu finanzieren. Die Summe zahlt er in den letzten vier Monaten zum Ersten des Monats in vier gleichbleibenden Raten zurück.	20.02.	Sie entnimmt für ihren Ehemann einen Anzug im Wert von 400,00 € netto.
		28.04	Bareinzahlung einer privaten Steuerrückerstattung in Höhe von 1.200,00 €.
		18.08.	Spontane Entnahme von 100,00 € aus der Kasse, um privat in der Stadt einkaufen zu gehen.
26.05.	Reparatur des Pkw des Sohnes in der betriebseigenen Werkstatt. Kosten: 800,00 € netto.	29.12.	Die Putzkraft von Frau Meister wird im Dezember als Aushilfe für die Büroräume eingesetzt, die Kosten von 600,00 € zahlt sie privat.
17.11.	Der Pkw des Sohnes wird für eine Geschäftsreise eines Mitarbeiters genutzt. Kosten: 250,00 €.		

1. Bevor Nina mit dem Buchen der privaten Vorgänge von Herrn Stallmann und Frau Meister beginnt, will sie zunächst ein paar grundsätzliche Regelungen dazu klären.
   a) Geben Sie an, warum Herr Stallmann und Frau Meister Privateinlagen und Privatentnahmen tätigen dürfen.
   b) Definieren Sie nach § 4 Abs. 1 EStG den Begriff Privatentnahmen.
   c) Definieren Sie nach § 4 Abs. 1 EStG den Begriff Privateinlagen.
   d) Nennen Sie die Besonderheit, die beim Führen von Privatkonten bei Personengesellschaften zu beachten ist.
   e) Geben Sie an, welche Konten für die privaten Vorgänge Nina nun zum Buchen führen muss.
2. Nina will nun die Geschäftsfälle als Buchungssätze ins Grundbuch eintragen. Dazu wird sie dem Datum nach fortlaufend die Buchungssätze eintragen und mit einer fortlaufenden Nummer versehen. Die Privatvorgänge von Herrn Stallmann werden dabei mit A gekennzeichnet und die Privatvorgänge von Frau Meister mit B.

Nr.	Datum	Buchungssätze	Soll	Haben
1.				
2.				
3.				
4.				
5.				
6.				
7.				
8.				
9.				
10.				
11.				

3. Nachdem Nina die Buchungssätze ins Grundbuch eingetragen hat, will sie nun die entsprechenden Privatvorgänge auf die vier unten stehenden Konten übertragen und diese Konten dann über das Eigenkapitalkonto abschließen. Der Anfangsbestand des Eigenkapitals der Franz Stallmann Fashion OHG betrug zu Beginn des Jahres 525.000,00 €, aus der GuV ist ein Gewinn von 42.500,00 € ermittelt worden. Schließen Sie die fünf unten stehenden Konten entsprechend den Angaben aus Aufgabe 2 ab.

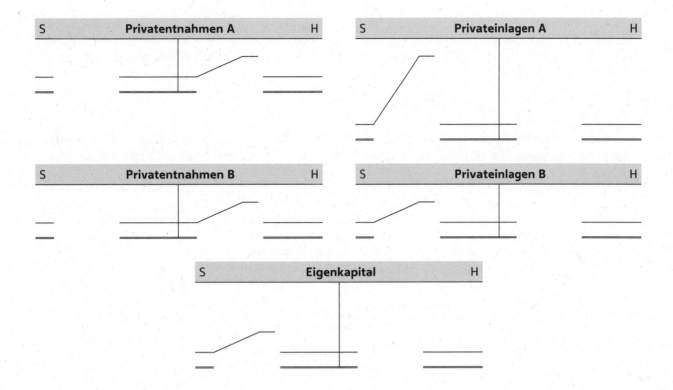

8.9 Wir analysieren den Erfolg des Unternehmens mithilfe von Kennzahlen

Handlungssituation

In den nächsten Tagen ist Frau Tár Ansprechpartnerin für Anne Schulte. Frau Tár übernimmt viele Aufgaben im Bereich des Controllings.

Frau Tár: „Guten Tag Frau Schulte, schön, dass Sie in Ihrer Ausbildung auch mal bei mir in das Controlling ‚reinschnuppern'. Haben Sie denn schon eine Vorstellung, was ich hier so mache?"

Anne Schulte: „Guten Tag! Naja, ehrlich gesagt, kann ich mir noch nicht so richtig etwas unter Controlling vorstellen."

Frau Tár: „Ach, das ist kein Problem. Das geht den meisten so, wenn sie hier ankommen, und am Ende finden sie es aber total spannend. Da man als Controller auch so etwas wie die unternehmensinterne Überwachung darstellt, arbeite ich meistens allein, obwohl ich eigentlich dem Rechnungswesen zugeordnet bin."

Anne Schulte: „‚Unternehmensinterne Überwachung'. Das klingt aber wirklich spannend."

Frau Tár: „Ja, das ist es auch. Ich schlage vor, dass Sie sich zunächst einmal darüber informieren, was Controlling überhaupt ist und was wir hier so tun. Was meinen Sie?"

Anne Schulte: „Ja, das kann ich machen."

Frau Tár: „Natürlich sollen Sie auch einen Einblick in die Arbeit hier bekommen. Ich habe gerade heute die Auswertungen einer unserer Filialen übermittelt bekommen. Diese Auswertung besteht aus der Bilanz auf den 01.01.20.., der Bilanz auf den 31.12.20.. und dem dazugehörigen GuV-Konto. Die sind Ihnen ja bekannt, oder?"

Anne Schulte: „Ja, klar."

Frau Tár: „Gut! Nachdem Sie sich dann informiert haben, was wir hier tun, bereiten Sie mir die Daten bitte auf. Ich möchte, dass Sie mir die Rentabilitätskennzahlen für diese Filiale, soweit mit den vorhandenen Daten möglich, aufbereiten."

Anne Schulte: „Ähm ... ja ... Kennzahlen?"

Frau Tár: „Darüber werden Sie im Rahmen Ihrer Informationen über das Controlling schon etwas erfahren. Kommen Sie bitte zu mir, sobald Sie die Daten aufbereitet haben. Hier sind die Unterlagen."

AKTIVA	Bilanz zum 01.01.20..		PASSIVA
I. Anlagevermögen		I. Eigenkapital	167.290,00
1. Bebaute Grundstücke	990.000,00	II. Fremdkapital	
2. Fuhrpark	86.800,00	1. Darlehen	1.800.000,00
3. BGA	370.600,00	2. Verbindlichkeiten aLL	185.000,00
II. Umlaufvermögen			
1. Waren	442.000,00		
2. Forderungen aLL	51.790,00		
3. Bank	112.800,00		
4. Kasse	90.000,00		
5. Postbank	8.300,00		
	2.152.290,00		2.152.290,00

AKTIVA	Bilanz zum 31.12.20..		PASSIVA
I. Anlagevermögen		I. Eigenkapital	544.338,00
1. Bebaute Grundstücke	980.000,00	II. Fremdkapital	
2. Fuhrpark	76.817,00	1. Darlehen	1.616.184,00
3. BGA	353.633,00	2. Verbindlichkeiten aLL	216.830,00
II. Umlaufvermögen			
1. Waren	542.000,00		
2. Forderungen aLL	1.894,00		
3. Bank	312.800,00		
4. Postbank	100.000,00		
5. Kasse	10.208,00		
	2.377.352,00		2.377.352,00

Soll		9300 GUV zum 31.12.20..		Haben
3010	Wareneingang	1.450.000,00	8000 Warenverkauf	2.745.000,00
4010	Löhne	940.000,00		
4910	Abschreibungen			
	auf Sachanlagen	55.900,00		
4400	Werbe- und Reisekosten	24.500,00		
4260	Versicherungen	37.000,00		
2110	Zinsaufwendungen	72.700,00		
0600	Eigenkapital	164.900,00		
		2.745.000,00		2.745.000,00

1. Informieren Sie sich mithilfe des Internets über den Begriff „Controlling". Geben Sie mit eigenen Worten kurz wieder, was man unter Controlling versteht.
2. Ermitteln Sie die Wirtschaftlichkeit für die Filiale der Fairtext GmbH.
3. Ermitteln Sie das durchschnittliche Eigenkapital der Filiale der Fairtext GmbH.
4. Ermitteln Sie die Eigenkapitalrentabilität der Filiale der Fairtext GmbH.
5. Ermitteln Sie das durchschnittliche Gesamtkapital der Filiale der Fairtext GmbH.
6. Ermitteln Sie die Gesamtkapitalrentabilität der Filiale der Fairtext GmbH.
7. Beurteilen Sie Ihre Ergebnisse aus Aufgabe 4 und 6.
8. Ermitteln Sie die Umsatzrentabilität der Filiale der Fairtext GmbH.
9. Geben Sie an, woher die Sollwerte im Controlling stammen.

Geben Sie mit eigenen Worten an,
a) was die folgenden Kennzahlen aussagen.
b) ob die Kennzahl möglichst hoch oder möglichst niedrig sein sollte.

Eigenkapitalrentabilität
a)
b)

Umsatzrentabilität
a)
b)

9 Unternehmensformen und handlungsrechtliche Rahmenbedingungen

9.1 Wir gründen ein Unternehmen

Handlungssituation

Paul Reimer, 34 Jahre alt, war über mehrere Jahre hinweg maßgeblich an der Gestaltung von Webseiten und verwandten Aufgaben bei der Fairtext GmbH beteiligt. Neben seiner beruflichen Verantwortung bei Fairtext hat er sich in seiner Freizeit zusätzlich engagiert und erfolgreich Projekte übernommen. In dieser Zeit hat er ein beeindruckendes Portfolio aufgebaut und sich einen Namen in der Design-Community gemacht.

Aufgrund seiner Liebe zum kreativen Gestalten von Onlinepräsenzen und dem Wunsch, seine eigenen Ideen und Visionen umzusetzen, plant Paul die Gründung einer eigenen Webdesign-Agentur. Sein Fokus soll dabei auf individuelle und ansprechende Webdesigns für kleine Unternehmen und Selbstständige liegen.

Paul verfügt über die finanziellen Mittel, um den Start einer eigenen Agentur zu finanzieren, und hat bereits Anfragen von potenziellen Kundinnen und Kunden erhalten. Er plant die Gründung als Einzelunternehmung, um die volle Kontrolle über sein Unternehmen zu haben und die kreativen Ideen erfolgreich in die Realität umzusetzen.

Handlungsaufgaben

1. Analysieren Sie die Geschäftsidee von Paul Reimer, indem Sie die Argumente sowohl für als auch gegen die Geschäftsidee herausarbeiten.

Was spricht für die Geschäftsidee?	Was spricht gegen die Geschäftsidee?

2. Nennen Sie Chancen und Risiken, die eine Selbstständigkeit mit sich bringen kann.

Chancen	Risiken

3. Nennen Sie die Form der Kaufmannschaft, die bei Paul Reimer im Falle einer Unternehmensgründung vorliegen würde.

Kaufmannsform:	

4. Nennen Sie eine sinnvolle Bezeichnung für das neu gegründete Unternehmen.

Firmenname:	

Vertiefungs- und Anwendungsaufgaben

1. Beschreiben Sie, was das Handelsgesetzbuch unter einer „Firma" versteht.
2. Beschreiben Sie, wer im Sinne des Handelsgesetzbuches Kaufmann ist.
3. Lorens Perez betreibt einen kleinen Lebensmittelladen in der Nachbarschaft. Er beschäftigt weder Mitarbeitende noch hat er besonders hohe Einnahmen. Beschreiben Sie, welche Art von Kaufmannschaft vorliegt.
4. Bei welcher der folgenden Personen handelt es sich um juristische Personen? Kreuzen Sie an.

Richterin/Richter	
Staatsanwalt/Staatsanwältin	
Der Bürgermeister Herr Tunali	
Elma Foodservice GmbH	
Sportverein „TSV Hildesheim e. V."	

5. Wer kann in das Handelsregister Einsicht nehmen? Kreuzen Sie an.

Lediglich Kreditinstitute, um die Kreditwürdigkeit zu überprüfen.	
Lediglich Personen, die ebenfalls im Handelsregister eingetragen sind.	
Nur Anwälte, die in einem aktuellen Rechtsstreit involviert sind.	
Jeder, der sich informieren möchte.	

6. Kreuzen Sie an, welche Aussage über das Handelsregister richtig ist.

Das Handelsregister ist ein amtliches Verzeichnis von Kannkaufleuten eines Amtsgerichtsbezirks.	
Das Handelsregister ist ein amtliches Verzeichnis, das den Umsatz von Kaufleuten eines Amtsgerichtsbezirks erfasst.	
Das Handelsregister ist ein amtliches Verzeichnis von Kaufleuten eines Amtsgerichtsbezirks.	
Das Handelsregister ist ein amtliches Verzeichnis von Kaufleuten, das Informationen über die Kapitalanteile bereitstellt.	

7. Nennen Sie die Informationen, die ein Handelsregisterauszug enthält.

8. Beschreiben Sie, was unter der Unterscheidungskraft bei der Firmenbildung zu verstehen ist.

9. Die Freunde Alex und Lisa planen, eine GmbH zu gründen. Allerdings hat Lisa Bedenken, da sie kürzlich eine Erbschaft von 150.000,00 € von ihrer Familie erhalten hat. Sie sorgt sich, dass dieses Erbe im Falle eines Insolvenzverfahrens für die GmbH in Gefahr sein könnte.

   a) Beurteilen Sie diese Situation.

   b) Alex und Lisa haben ihre Unklarheiten bezüglich der Haftung einer GmbH beseitigt und möchten ihr Wissen über diese Rechtsform vertiefen. Helfen Sie den beiden, indem Sie den Lückentext vervollständigen.

Füllwörter			
Geschäftsführung	Gesellschafter	externe Personen	
Verantwortung	nicht	Haftung	Risiken
Gewinn- und Verlustverteilung	Gewinn	Gesellschaftsvertrag	Insolvenz
Insolvenz	Stammkapital	Einlagen	persönliches
klare	rechtlich	Flexibilität	Anteil
Rechtsform	persönlichen Haftung	Gründung	Kapitalbetrag

Die Gesellschaft mit beschränkter Haftung

Die GmbH oder Gesellschaft mit beschränkter Haftung ist eine _____,

die in Deutschland und vielen anderen Ländern weit verbreitet ist. Sie bietet eine gute

Möglichkeit für Unternehmende, ein Unternehmen zu gründen und dabei das Risiko ihrer

_____ zu begrenzen.

Die _____ einer GmbH erfolgt durch mindestens einen Gesellschafter,

der einen _____ in das Unternehmen einzahlt. Dieses Kapital dient dazu,

die _____ der GmbH abzusichern und Gläubiger im Falle einer

_____ zu schützen. Das _____ beträgt mindestens 25.000 Euro.

Die Haftung der Gesellschafter ist auf ihre _____ beschränkt, was bedeutet,

dass ihr _____ Vermögen nicht für die Verbindlichkeiten der GmbH haftet.

Dieser Aspekt macht die GmbH zu einer attraktiven Rechtsform, da das _____

auf das eingebrachte Kapital begrenzt ist.

Die _____ in einer GmbH erfolgt nach den Regelungen des GmbH-Gesetzes.

Die Geschäftsführung kann entweder durch einen oder mehrere Geschäftsführer erfolgen.

Diese Geschäftsführer können sowohl _____ als auch _____ sein.

Sie tragen die _____ für die Leitung und Vertretung der GmbH nach außen.

Die _____ in einer GmbH wird nach dem Verhältnis der

Geschäftsanteile der Gesellschafter verteilt. Dies bedeutet, dass Gesellschafter mit einem

höheren _____ am Unternehmen auch mehr am _____

der GmbH beteiligt sind. Die Verluste werden hingegen nach den Regelungen im

_____ festgelegt.

Im Falle einer _____ ist die Haftung der Gesellschafter auf ihre Einlagen

beschränkt. Dies bedeutet, dass persönliches Vermögen der Gesellschafter _____

zur Begleichung von Verlusten herangezogen wird. Die GmbH bietet somit eine _____

und _____ geschützte Struktur für Unternehmende.

Insgesamt bietet die GmbH als Rechtsform eine ausgewogene Mischung aus _____

und begrenzter Haftung, was sie zu einer beliebten Wahl für viele Unternehmensgründer/-innen

macht.

10. Erklären Sie den Unterschied zwischen einer Aktiengesellschaft und einer Kommanditgesellschaft, indem Sie die Merkmale der Tabelle vervollständigen.

Merkmale	Aktiengesellschaft	Kommanditgesellschaft
Gründung		
Kaufmannsform		
Haftung		
Kapitalstruktur		

11. Nennen Sie drei Merkmale, die eine Genossenschaft von anderen Unternehmensformen unterscheiden.

12. Aufgrund ihrer finanziellen Situation begibt sich die Schulte OHG in ein Insolvenzverfahren. Beschreiben Sie, wie die vier Gesellschafter der Schulte OHG für die finanziellen Verbindlichkeiten haften.

13. Nehmen Sie an, Herr Tunali hat an dem Unternehmen Tunali, Meier & Lin OHG einen Anteil von 230.000,00 €, Herr Meier hat sich mit 150.000,00 € beteiligt und die Kapitaleinlage von Frau Lin beträgt 100.000,00 €. In dem ersten Geschäftsjahr hat die Gesellschaft einen Gewinn in Höhe von 250.000,00 € erzielt. Verteilen Sie den Gewinn nach 4 % ihrer Einlage als Kapitalverzinsung.

Gesellschafter/-in	Kapitaleinlage	Verzinsung	Restgewinnverteilung	Gesamtgewinn
Herr Tunali	230.000,00 €			
Herr Meier	150.000,00 €			
Frau Lin	100.000,00 €			
Gesamt	480.000,00 €			

9.2 Wir stellen uns Unternehmenskrisen

Handlungssituation

Nachdem Carolin Saager jetzt schon einige Aufgaben für Herrn Franke, einem Mitarbeiter im Rechnungswesen der Hoffmann KG, erfolgreich erledigt hat, kommt er heute mit einem neuen Anliegen.

Herr Franke: „Guten Morgen, Frau Saager. Heute hat mich eine schreckliche Nachricht ereilt. Eine solche Situation hatten wir noch nie. Sie müssen mich dabei unterstützen! Unsere Tochterfirma, der Modehersteller ‚Loss-Sports GmbH', steckt in ernsten Schwierigkeiten. Die Geschäftsführung sieht im Moment leider keine andere Möglichkeit, als einen Teil der Mitarbeitenden zu entlassen. Die Umsätze sind stark rückläufig und in diesem Monat – und wer weiß, was danach kommt – kann die Loss-Sports

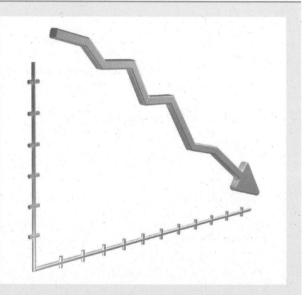

GmbH voraussichtlich ihren laufenden Zahlungsverpflichtungen nicht nachkommen, sodass auch der Verschuldungsgrad steigt."

Carolin: „Oh je, das ist ja schrecklich. Aber was können denn die Beschäftigten dafür? Es gibt doch sicher noch weitere Gründe für die schlechte Situation, oder?"

Herr Franke: „Hm, ... ja ... die Beschäftigten können nichts dafür. Das ist richtig. Es werden auch große Teile der Geschäftsführung ausgetauscht, da auch Fehler des Managements zu der aktuellen Situation geführt haben. Das Produktsortiment der Loss-Sports GmbH ist nicht an die veränderte Marktnachfrage angepasst worden und die alten Produktionsmaschinen sind nicht in der Lage, die geforderte Qualität der produzierten Ware zu gewährleisten. Hier hätte das Management früher und nachhaltiger investieren müssen. Allerdings gab es durch die schlechte Konjunkturlage auch hohe Forderungsausfälle."

Carolin: „Na, da ist ja alles auf einmal zusammengekommen bei der Loss-Sports GmbH."

Herr Franke: „Das können Sie laut sagen. Und jetzt einfach so investieren ist nicht möglich, da in den letzten Jahren sämtliche Gewinne entnommen wurden, anstatt eine solide Eigenkapitalbasis zu schaffen. Und nur über Kredite kann man ein Unternehmen halt nicht finanzieren. Tja, und zu guter Letzt ist jetzt auch noch durch die Neueröffnung der Hajo Hagens OHG in Berlin enorme Konkurrenz erwachsen."

Carolin: „Und was sollen wir jetzt tun?"

Herr Franke: Zunächst einmal sollten wir die Gründe für die Situation analysieren und dann überlegen, wie wir die Gesellschaft aus der Krise bringen können."

Carolin: „Muss in solchen Fällen nicht Insolvenz angemeldet werden?"

Herr Franke: „Genau das müssen wir unter anderem prüfen. Bitte informieren Sie sich schon einmal über das Insolvenzverfahren und dann geben Sie mir heute Nachmittag einen Überblick. Anschließend sehen wir weiter. In der Zwischenzeit werde ich mir in der Buchführung der Loss-Sports einen Überblick über die Situation verschaffen."

Handlungsaufgaben

1. Ermitteln Sie, welche Aufgaben Carolin für Herrn Franke zu erledigen hat.
2. Verschaffen Sie sich einen Überblick über mögliche Anzeichen von Unternehmenskrisen, indem Sie das folgende Schaubild vervollständigen.

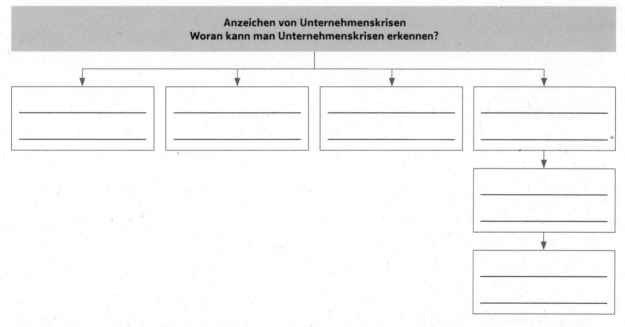

3. Überprüfen Sie mithilfe der vorliegenden Informationen von Herrn Franke, ob bei der Loss-Sports GmbH Anzeichen für eine Unternehmenskrise vorliegen, und falls ja, geben Sie diese an.
4. Verschaffen Sie sich einen Überblick über mögliche Gründe, die für Unternehmenskrisen verantwortlich sein können, indem Sie das folgende Schaubild vervollständigen. Nummerieren Sie die Gründe durchgehend.

199

5. Im Fall von Unternehmenskrisen ist es immer wichtig, ob die Gründe, die für die Krise verantwortlich sind, „hausgemacht" sind oder ob sie von dem Unternehmen nicht beeinflusst werden konnten. Daher wird häufig auch eine Unterteilung der Gründe in interne und externe Gründe für Unternehmenskrisen vorgenommen. Unterteilen Sie die in Handlungsaufgabe 4 gefundenen Gründe in interne und externe Faktoren, indem Sie die Nummern in die Tabelle eintragen.

Interne Gründe für Unternehmenskrisen	Externe Gründe für Unternehmenskrisen

6. Geben Sie an, welche internen und externen Gründe für die Unternehmenskrise bei der Loss-Sports GmbH bekannt sind.

7. Beurteilen Sie begründet, ob die Krise der Loss-Sports GmbH eher selbst verschuldet oder fremdverschuldet ist.

8. Informieren Sie sich über die möglichen Maßnahmen zur Lösung der Krise bei der Loss-Sports GmbH. Vervollständigen Sie mit den Informationen das folgende Schaubild.

Wozu kann ein Insolvenzverfahren führen?

_____	_____
_____	_____
In der Regel werden _____ ergriffen, die dazu geeignet sind, das Unternehmen aus den Zahlungsschwierigkeiten herauszuführen und die alte _____ wiederherzustellen.	Das Unternehmen wird _____. Hierbei wird das gesamte _____ des Insolvenzschuldners verwertet (verkauft) und die Gläubiger werden aus dem Erlös nach den Vorschriften der _____ befriedigt (Regelverfahren).

9. Arbeiten Sie aus dem Lehrbuch heraus, welche Gründe für die Eröffnung des Insolvenzverfahrens vorliegen können, und geben Sie auch an, wann diese Gründe vorliegen und wer das Insolvenzverfahren beantragen kann.

	Insolvenzgrund	Anzeichen	Antragstellung durch
1.			
2.			
3.			

10. Welcher Insolvenzgrund liegt bei der Loss-Sports GmbH aktuell vor und durch wen dürfte ein Insolvenzverfahren beantragt werden?

11. Wie Sie in Handlungsaufgabe 8 herausgefunden haben, gibt es zwei Möglichkeiten für ein Insolvenzverfahren bei der Loss-Sports GmbH. Für beide Verfahren muss zunächst die Insolvenzmasse festgestellt werden. Geben Sie an, was man unter Insolvenzmasse versteht, indem Sie die folgende Tabelle vervollständigen.

Berechnungsschema	Erläuterung der Begrifflichkeiten
gesamtes Vermögen	Vermögen des Schuldners zum Zeitpunkt ...
–	z. B.
–	
= Insolvenzmasse	

12. Mittlerweile hat Carolin eine E-Mail von Herrn Franke bekommen:

Liebe Frau Saager,

mittlerweile wissen wir etwas mehr über die Verbindlichkeiten und das Vermögen der Loss-Sports GmbH. Sicher wird Ihnen das helfen und Sie können mir nachher einen Überblick vermitteln, was mit der Loss-Sports GmbH passieren könnte.

- Das Vermögen der GmbH beträgt 1.742.938,00 €. Lagerräume im Wert von 1.200.000,00 €, die von einem Zulieferer angemietet werden, sind inbegriffen.
- Forderungen der Lothar von Hermanni KG in Höhe von 1.907.437,00 €. Davon sind 1.500.000,00 € kapitalersetzende Darlehen.
- Geldforderungen eines Zulieferers in Höhe von 1.242.746,00 €.
- Forderungen von mehreren kleineren Gläubigern in Höhe von 198.717,00 €.
- Forderung der Bank in Höhe von 7.500,00 €.

Unter den Forderungen des Zulieferers sind folgende Sachverhalte vielleicht relevant:
- Stoffe im Wert von 45.000,00 € wurden bereits an die Loss-Sports GmbH geliefert.
- Forderung aus dem Verkauf einer industriellen Produktionsmaschine in Höhe von 15.000,00 €. Die Maschine wurde unter Eigentumsvorbehalt geliefert.
- Zuschnitte (geliefert am 01.08.20..), Wert: 5.000,00 €.
- Der Zulieferer hat der Loss-Sports GmbH einen gebrauchten Lieferwagen geliefert. Kaufpreis: 7.500,00. Der Lieferwagen ist der Bank zur Sicherung übereignet. Somit ist die Loss-Sports GmbH nur Besitzer.
- Die Loss-Sports GmbH hat an den Zulieferer selbst Kleidung geliefert. Hierfür hat sie noch eine Forderung in Höhe von 14.799,00 €.

Die Kosten des Insolvenzverfahrens betragen laut Schätzungen voraussichtlich 100.000,00 €.

Viele Grüße
Steffen Franke

Rechnungswesen

a) Informieren Sie sich darüber, wie hoch die zu verteilende Insolvenzmasse der Loss-Sports GmbH im Rahmen eines möglichen Regelverfahrens ist.

	Wert in €	Erläuterung
Vermögen:		
– Aussonderung		
= Insolvenzmasse:		
– **Absonderung**		
– **Aufrechnung**		
= zu verteilende Masse (Restmasse):		

b) Ermitteln Sie zunächst die Forderungen der Gläubiger der Loss-Sports GmbH, die über eine zu ermittelnde Insolvenzquote befriedigt werden müssen. Berücksichtigen Sie dabei auch die Informationen von Herrn Franke.

Gläubiger	Anmerkung	Wert in €
Lothar von Hermanni KG	**gesamt vor Insolvenz**	
Zulieferer	**gesamt (inkl. vermieteter Halle)**	
weitere Händler		
Bank		
Gesamtforderungen:		

c) Verteilen Sie unter Berücksichtigung der Angaben aus der Nachricht von Herrn Franke die Rest-masse gemäß den Vorschriften der Insolvenzordnung. (Berechnen Sie die Insolvenzquote bitte auf vier Nachkommastellen. Runden Sie die errechneten Ansprüche der Gläubiger auf volle Euro.)

Ermittlung der Insolvenzquote	
Forderungen	
Restmasse	

Verteilung der Restmasse nach Insolvenzquote:	
Gläubiger	Berechnung

13. Carolin hat etwas darüber gehört, dass das Insolvenzverfahren nicht zwangsläufig so ablaufen muss, wie bisher bekannt. Um Herrn Franke umfassende Informationen geben zu können, informiert sie sich in ihrem Lehrbuch über das weitere Verfahren im Insolvenzfall.
Informieren Sie sich auch. Nennen Sie das mögliche Verfahren für die Loss-Sports GmbH und geben Sie die Besonderheiten dieses Verfahrens wieder.
14. Vervollständigen Sie den folgenden Überblick über die möglichen Ausprägungen des Insolvenzplan-verfahrens bei der Loss-Sports GmbH.

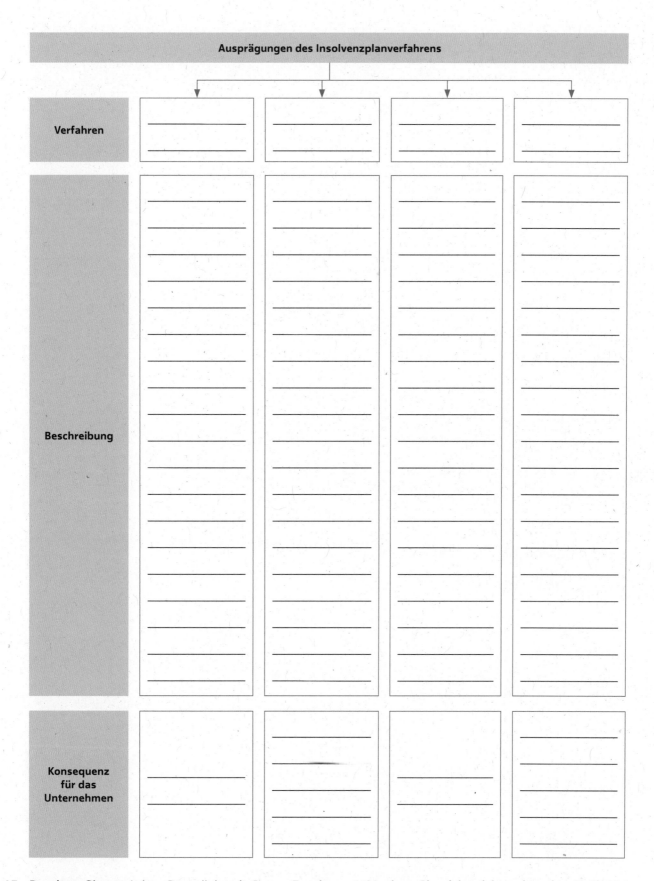

Ausprägungen des Insolvenzplanverfahrens

Verfahren				
Beschreibung				
Konsequenz für das Unternehmen				

15. Bereiten Sie nun das Gespräch mit Herrn Franke vor. Machen Sie sich stichpunktartige Notizen, damit Sie im Gespräch möglichst frei Ihre Ergebnisse vortragen können.